Andreas Beune

Walter Drögenpütt

# KETTE RECHTS!

*Im großen Gang durch das unnütze Radsportwissen*

covadonga

Andreas Beune,
Walter Drögenpütt:
**KETTE RECHTS!**
**Im großen Gang durch**
**das unnütze Radsportwissen**

Covadonga Verlag, Bielefeld – 2008
ISBN 978-3-936973-26-6

Grafiken für den Umschlag: Dreamstime.com (D. Ezepov / I. Costache)
Kartenmaterial: Dreamstime.com (J. Moucka / Darknightsky / S. Gladwell)
Fotos im Innenteil: Hennes Roth



*Covadonga ist der Verlag für Radsportliteratur. In unserem Programm finden Sie Romane, Biografien, Trainingsratgeber, Reise- und Sachbücher rund ums Velo. Zumeist im Mittelpunkt: die großen und kleinen Rennen, ihre Geschichte und ihre Akteure.*

**Besuchen Sie uns im Internet: www.covadonga.de**

# ZUM GELEIT

»Hätten die Rennfahrer etwas Richtiges gelernt,
bräuchten sie heute nicht Rennen zu fahren.«

**Karsten Migels, Tour de France 2008**

»Radfahrer dürfen nur so schnell fahren,
wie es von einem Radfahrer allgemein erwartet wird.«

**Aus einem Urteil eines süddeutschen Oberlandesgerichts**

»Wieso kauft sich ein Mensch ein Fahrrad?
Es ist wohl dasselbe wie früher mit Pferden und Gewehren –
um hinterher Heldengeschichten oder Lügengeschichten zu erzählen!«

**Aus: *Alle Macht den Rädern***

»Wenn einer jeden Tag auf die Birne fällt,
dann muss man sich schon fragen...«

**Rudi Altig über das taktische Geschick eines deutschen Sprinters**

»Force yourself, you sod!«

**Die Bild-Zeitung hat für ihre englischsprachige Online-Ausgabe die »10 größten Sportzitate aller Zeiten« aufbereitet, u.a. auch eine Aufforderung, die im Juli 1997 an Jan Ullrich erging**

## LOS GEHT'S

Vor dem Start müssen die Fahrer von Straßen- und Querrennen unter Aufsicht eines Kommissärs die Startliste unterzeichnen.

Der Start wird mit Hilfe einer Pistole, einer Pfeife, einer Glocke, einer Fahne oder einer elektronischen Vorrichtung erteilt.

Der Start wird durch einen Kommissär oder unter Aufsicht eines Kommissärs (dem Starter) erteilt, welcher als Einziger die Gültigkeit des Starts beurteilen kann.

Der Fehlstart wird durch ein doppeltes Signal der Pistole, Pfeife oder Glocke angezeigt.

Die Kommissäre überprüfen, ob die Fahrer, die sich an der Startlinie aufstellen, dem Reglement entsprechend ausgestattet sind (Rennrad, Rennkleidung, Identifikationsnummer...).

**aus den Wettkampfvorschriften der UCI**

## DIE TOUR-SIEGER MIT DEN HÖCHSTEN STARTNUMMERN

Lance Armstrong (USA), 1999: **181**

Pedro Delgado (Spanien), 1988: **171**

Greg LeMond (USA), 1989: **141**

Bernard Hinault (Frankreich), 1981: **131**

Felice Gimondi (Italien), 1965: **123**

## WO RTF-STARTER AUF DIE REISE GESCHICKT WERDEN

Berufsschule / Bürgerhaus / Fahrradhändler / Festplatz / Gasthof / Gesamtschule / Gewerbegebiet Ost / Grundschule / Hauptschule / Kaserne / Marktplatz / Opelhändler / Realschule / Schulzentrum / Sparkasse / Sporthalle / Sportgeschäft / Stadion / Tennistreff / Universität / Vereinsheim / Volksfestwiese

## JEDERMANNRENNEN: DAS GIBT ES FÜR'S STARTGELD

Tour d'Energie von den Terrassen 2008: **38,– EUR (bis 6 Wochen vor dem Start)**

durch Polizeibegleitung und Streckenposten an allen Einmündungen und Kreuzungsbereichen abgesicherte, aber nicht vollständig abgesperrte Rennstrecke (42 und 85 km); individuelle Fahrzeitmessung mittels Transpondersystem (50,– EUR Pfand); technischer Support vor und während des Rennens; professionelle Massage vor dem Start (in begrenztem Umfang); Fitnessfrühstück für alle Teilnehmer vor dem Start; Pasta-Party im Ziel; Verpflegungsbeutel bei der Akkreditierung; Trinkflasche; Verpflegungsstation während des Rennens; Begleitfahrzeugkolonne während des Rennens; medizinischer Notdienst; Dusch- und Umkleidemöglichkeiten; Übernachtungsmöglichkeit in Sporthallen; komplette Ergebnisliste online; Finisher-Urkunde; offizielles »Tour d'Energie von den Terrassen«-T-Shirt; Ergebnis- und Informationsdienst via E-Mail

Rad am Ring 2008, 70-Kilometer-Rennen: **38,– EUR (bis 2 Wochen vor dem Start)**

abgesperrte Rennstrecke; individuelle Zeitmessung mittels Transpondersystem (50,– EUR Pfand + 6,– EUR Leihgebühr); technischer Service im Fahrerlager; Verpflegung in verschiedenen Zonen; Begleitfahrzeuge; Sanitätsdienst; medizinischer Notdienst; Dusch- und Umkleidemöglichkeiten; Finisher-Urkunde vor Ort oder als PDF abrufbar; Internet-Ergebnisdienst (Versandservice vor Ort buchbar); Parkplatz; Physio-Service (5,– EUR pro Massage); freier Eintritt Trade-Village und Event-Center

## PROVINZSPORT

*Die kleinsten Käffer, die im internationalen Veranstaltungskalender des Straßenradsports alljährlich eine große Rolle spielen:*

| | | |
|---|---|---|
| Gippingen/Leuggern (SWI) | GP Kanton Aargau | **2.079 Einw.** |
| San Marino (SMR) | Ziel Coppa Placci | **4.367** |
| Vimoutiers (FRA) | Ziel Paris–Camembert | **4.418** |
| Plouay (FRA) | GP Ouest-France | **4.759** |
| Triberg (GER) | GP Schwarzwald | **5.129** |
| Alsemberg (BEL) | Ziel Pfeil von Brabant | **5.377** |
| Magnanville (FRA) | Start Paris–Camembert | **5.624** |
| Saint-Arnoult-en-Yvelines (FRA) | Start Paris–Tours | **5.671** |
| Larciano (ITA) | GP Industria & Artigianato | **6.028** |
| De Panne (BEL) | Drei Tage von De Panne | **10.060** |
| Kuurne (BEL) | Kuurne–Brüssel–Kuurne | **12.591** |
| Foumies (FRA) | GP Foumies | **13.867** |
| Estella (ESP) | GP Miguel Indurain | **13.892** |
| Putte (BEL) | Start Putte–Kapellen | **15.760** |
| Valkenburg (NED) | Ziel Amstel Gold Race | **17.561** |
| Huy (BEL) | Ziel Wallonischer Pfeil | **20.102** |
| Acqui Terme (ITA) | Start Giro del Piemonte | **20.228** |
| Valenza (ITA) | Ziel Giro del Piemonte | **20.471** |
| Kapellen (BEL) | Ziel Putte–Kapellen | **25.950** |
| Durango (ESP) | Subida Urkiola | **26.131** |
| Harelbeke (BEL) | E3-Prijs Harelbeke | **26.170** |
| Ans (BEL) | Ziel Lüttich–Bastogne–Lüttich | **27.587** |
| Zaventem (BEL) | Start Pfeil von Brabant | **29.034** |
| Soissons (FRA) | Start Paris–Brüssel | **29.489** |
| Camaiore (ITA) | GP Citta di Camaiore | **30.013** |
| Wevelgem (BEL) | Ziel Gent–Wevelgem | **32.403** |
| Schoten (BEL) | Großer Scheldepreis | **33.000** |
| Midden-Drenthe (NED) | Ronde van Drenthe | **33.094** |
| Ninove (BEL) | Ziel Flandern-Rundfahrt | **35.738** |
| Waregem (BEL) | Ziel Dwars door Vlaanderen | **35.852** |
| Lokeren (BEL) | Ziel Omloop Het Volk | **37.850** |
| Compiegne (FRA) | Start Paris–Roubaix | **41.254** |
| Nettuno (ITA) | Ziel Giro del Lazio | **42.000** |
| San Remo (ITA) | Ziel Mailand–San Remo | **57.120** |
| Veenendaal (NED) | Veenendaal–Veenendaal | **61.557** |
| Dünkirchen (FRA) | Vier Tage von Dünkirchen | **69.500** |
| Varese (ITA) | Tre Valli Varesini | **82.743** |
| Como (ITA) | Ziel Lombardei-Rundfahrt | **83.265** |
| Roubaix (FRA) | Ziel Paris–Roubaix | **96.984** |

## DEBÜT BEI DER TOUR DE FRANCE

1903: Belgien, Deutschland, Frankreich, Italien, Schweiz
1906: Luxemburg
1908: Spanien
1910: Algerien
1913: Dänemark, Tunesien
1914: Australien
1926: Japan
1928: Neuseeland
1931: Österreich
1936: Niederlande, Rumänien, Jugoslawien
1937: Großbritannien, Kanada
1947: Polen
1954: Liechtenstein
1956: Irland, Portugal
1975: Norwegen, Kolumbien
1981: USA
1986: Brasilien, Mexiko
1987: CSSR
1990: UdSSR
1991: GUS
1992: Russland, Litauen
1993: Estland, Kasachstan, Slowakei, Ukraine, Usbekistan, Venezuela
1994: Lettland, Moldawien
1995: Tschechien
1997: Finnland
2000: Slowenien
2001: Südafrika
2002: Ungarn
2003: Kroatien
2007: Weißrussland

## UCI GOLDEN BIKE

*Der Radsport-Weltverband hat acht sportlich und touristisch besonders anspruchsvollen Jedermann-Rennen auf drei Kontinenten das Qualitätssiegel »UCI Golden Bike« verliehen.*

| | | |
|---|---|---|
| März | Cape Argus Pick N Pay Cycle Tour (RSA) | mit 35.000 Startern über 109 abgesperrte km am Kap |
| April | Ronde van Vlaanderen (BEL) | 75/140/260 km auf der Klassikerstrecke (ohne Zeitn.) |
| Mai | Gran Fondo Felice Gimondi (ITA) | 95,7/134,5/165,3 km mit Promis rund um Bergamo |
| Juni | Quebrantahuesos (ESP) | 205 km und 3.500 Höhenmeter durch die Pyrenäen |
| Juni | Cyclosportive L'Ariégeoise (FRA) | 70/106/164,5 km mit bis zu 3.500 Höhenmetern |
| August | Gruyère Cycling Tour (SWI) | 85/125 bergige km auf den Spuren von Pascal Richard |
| September | Rothaus RiderMan (GER) | EZF über 20,4 km + Straßenr. über 1–6 Runden à 25 km |
| November | Wattyl Lake Taupo Cycle Challenge (NZL) | als Teamstaffel oder Einzelfahrer über 160/320/640 km |

## STUNDENWELTREKORDBAHNEN

| | | | |
|---|---|---|---|
| **10** | 1933-1967 | **Velodromo Vigorelli, Mailand** | *Meereshöhe / Holz / Bahnlänge: 397,57 Meter* |
| **9** | 1893-1914 | **Vélodrome Buffalo, Paris** | *Meereshöhe / Zement / 333,33 Meter (301,70 m ab 1902)* |
| **5** | 1993-1994 | **Vélodrome du Lac, Bordeaux** | *Meereshöhe / Holz / 250 Meter* |
| **2** | 1968-1972 | **Olymp. Velodrom, Mexico City** | *2.300 Meter über NN / Holz / 333,33 Meter* |
| **2** | 1984 | **Velodromo Centro-Deportivos Mexico City** | *2.300 Meter über NN / Spezialzement / 333,33 Meter* |
| **2** | 1996-2000 | **Manchester Cycling Center** | *Meereshöhe / Holz / 250 Meter* |
| **1** | 1893 | **Velodrome Municipale, Paris** | *Meereshöhe / Zement / 500 Meter* |
| **1** | 1898 | **Denver, Colorado** | *1.600 Meter über NN / 268 Meter* |
| **1** | 1933 | **Roermond, Niederlande** | *Meereshöhe / 205,90 Meter* |
| **1** | 1933 | **St. Truiden, Belgien** | *Meereshöhe / 201,24 Meter* |
| **1** | 1967 | **Olympisches Velodrom, Rom** | *Meereshöhe / Hartholz / 400 Meter* |
| **1** | 1993 | **Wikingerschiff Hamar, Norwegen** | *Meereshöhe / Holz / 250 Meter* |
| **1** | 2005 | **Krylatskoje-Velodrom, Moskau** | *Meereshöhe / Holz / 333,33 Meter* |

Einschließlich zunächst regulärer Weltrekorde, die im Jahr 2000 nach einer Regeländerung annulliert wurden.

## ALS RADSPORTWERBUNG NOCH EIN GEDICHT WAR

Ein Rad bewährt sich immer dort,
wo kräftige Athleten
um Radsportruhm beim Leistungssport
in die Pedale treten!

Das blaue »R« im weißen Kreis
verbürgt für Qualitäten
und radelnd hat es den Beweis
vor allen angetreten!

Hein Schwarzer holte sich allein
zwei große Rundum-Schlager:
In Köln am Rhein und Frankfurt/Main!
Den dritten Sieg ritt Saager!

Der Industrie- und Leistungspreis
entfiel auf die Brackweder
als Güte- und Erfolgsbeweis
der Rabeneick'schen Räder!

Und weiter ging's nach großem Start
auf schnellen Straßenrappen:
ein Bergpreis – Sieg der Deutschlandfahrt
und dazu vier Etappen.

Nach knapp entgangenem Meisterglück
schrieb Schwarzer in Italien
auf Rabeneick sein Meisterstück
in leuchtenden Versalien.

Daß Saager mit Sechstagesieg
in Frankfurts Messehalle
erfolgreich aus dem Sattel stieg,
begeisterte uns alle!

Und auch die Saalsporträder sind
bei Rabeneick gediegen:
Gleich welche Disziplin man nimmt:
Sie kommen, fahren, siegen!

Wenn einer gute Räder baut,
darf er es nicht verhehlen!
Wo man auf Rang und Namen schaut,
wird Rabeneick nie fehlen!

*August Rabeneick G.m.b.H.*
*Fahrrad- und Motorradfabrik - Brackwede i.W.*
*1951*

## »ULLE« UND DIE BILD – EINE CHRONOLOGIE

*»Mediale Wegelagerer sind das Problem von Jan Ullrich«, entfuhr es Eurosport-Reporter Ulli Jansch bei der Tour de France 2003, während wir eben besagten Jan Ullrich zu Gesicht bekamen, wie ihm Rudi Altig mit vielen Worte alles Gute wünschte. Doch fraglos gab es andere Pressevertreter, die dem »Ewigen Merdinger« zeit seiner Laufbahn weitaus mehr einheizten. Das Finale einer Karriere in Bild-Schlagzeilen (2000-2008):*

Ullrichs Versprechen: Ich werde nie wieder dick sein / Ist dieser Körper bereit für die Tour der Leiden? / Zwischen diesen beiden Fotos liegen 9 Wochen und 10 Kilo: So sieht ein Rad-Klops aus – So sieht ein Tour-Favorit aus / Ullrich: Liebes-Verbot vor der Tour / Jan, Du Held! Zweiter Platz trotz Sturz / Jan, du Prachtkerl! Im Straßenrad-Rennen fuhr Jan Ullrich (26) alle platt: Olympiasieg! / Doping-Hammer! Alle rätseln: Warum nahm Ullrich Aufputschmittel? / Mit Gaby auf der Flucht nach Florida: Rettet ihre Liebe Jan Ullrich? / Wie will er mit diesem Team die Tour schaffen? Ullrich hui, Coast pfui / Ullrich schockt Armstrong / Armstrong/Ullrich: Entscheidung am Schicksalsberg / Sturz-Drama: Hier verliert Jan Ullrich die Tour de France / Sternstunde des Sports: Ullrich Champion der Herzen / Heute Start der Tour de France: Gelb ist geil / 9 Männer – 1 Traum: Tour-Sieg für Jan Ullrich / Jetzt kommen die Berge der Schmerzen: Mach ihn fertig, Jan! / Nächste Ullrich-Schlappe: Das war's für Jan! / Jan, zeig endlich, was du drauf hast! / Ullrich – Alles Schrott / Nach Platz 19 im Straßen-Rennen: Hier feiert Weißbier-Ullrich seine Olympia-Pleite / Teamchef Godefroot rechnet gnadenlos mit seinem Kapitän ab: »Ullrich hat versagt!« / Ullrich – Glück in der Liebe, aber Krach im Team / Ullrich – Horror-Sturz durch Scheibe! / Auftakt zur Tour de France: Armstrong demütigt Ullrich / Mann, Jan! Wann greifst du endlich an? / Jetzt oder nie! Volle Ulle gegen Armstrong / Ullrichs Hoffnung: Birgit und ihre magischen Hände / Ullrich: Großer Kampf! Aber Armstrong noch größer / Kann Jan die Tour überhaupt noch mal gewinnen? / Rekordsieger Armstrong ist ganz sicher: Ullrich gewinnt die Tour – mit 5 Minuten Vorsprung / Ullrich exklusiv: Darum fahre ich noch hinterher / Ullrich: Ohrring raus / Jan Ullrich: Ich bin bereit für den Sieg / Jan Ullrich nach Tour-Aus: »Ich bin im Schockzustand!« / Gefeuert um 9.30 Uhr: Das bittere Ende des Rad-Helden / Jan, hast du uns die ganze Zeit belogen? / Das wäre der Hammer! Ullrich: Keine Sperre und dann ab zu Armstrong? / Jan Ullrich: Steigt er nie wieder aufs Rad? / Doping-Jäger klagt an: Ullrich hat mit dem Leben gespielt! / Ullrich: Hochzeit ohne Vater – Darum war er nicht eingeladen / Jetzt spricht Mama Ullrich: »Ich bin völlig am Ende« / Jan Ullrich: Wir sehen ein Bild des Jammers / 54 000 Euro! Ullrich verkauft sein Nobel-Auto / Peinlich! Ullrich lässt Beckmann-Sendung verbieten / Blut-Ullrich: Bringt ihn diese Frau ins Gefängnis? / Post von Wagner: Lieber Doping-Ullrich, liebe Dünn-Models,... / Ullrich lacht alle aus: »Ich habe genug Geld, um gemütlich bis ans Ende meiner Tage zu leben« / Jan Ullrich: So kauft er sich frei

## DEUTSCHES RADSPORTABZEICHEN

Um das Deutsche Radsportabzeichen in Gold zu erlangen, muss z.B. eine 48 Jahre alte Frau eine Gebühr von 6,00 Euro bezahlen und innerhalb eines Jahres die folgenden Leistungen erbringen:

| | | | | |
|---|---|---|---|---|
| Ein flaches 20-km-Zeitfahren in maximal 50 Minuten absolvieren | **oder** | Ein 3 bis 6 km langes Bergzeitfahren auf der Straße (4-6 % Steigung) in maximal 3:40 Min. pro km absolvieren | **oder** | Ein 3 bis 6 km langes Bergzeitfahren im Gelände (4-6 % Steigung) in maximal 4:30 Min. pro km absolvieren |

**und**

| | | |
|---|---|---|
| Ein oder mehrere Streckenfahren auf der Straße absolvieren:<br>150 km in maximal 7:19 h<br>oder 100 km in maximal 4:45 h<br>oder 2 x 75 km in maximal jeweils 3:29 h<br>oder 3 x 50 km in maximal jeweils 2:16 h | **oder** | Ein oder mehrere Streckenfahren mit dem Mountainbike im Gelände absolvieren, wobei der asphaltierte bzw. befestigte Streckenanteil nicht mehr als 15 % beträgt:<br>65 km in maximal 4:15 h<br>oder 2 x 45 km in maximal jeweils 2:50 h<br>oder 3 x 30 km in maximal jeweils 1:45 h |

**und**

| | | |
|---|---|---|
| 25 CTF/RTF-Punkte sammeln<br>bzw.<br>1.100 Jahreskilometer fahren | **oder** | Mit fliegendem Start die 200 Meter in maximal 21 Sekunden sprinten<br>**und**<br>Mit fliegendem Start den Kilometer in maximal 2:00 Min. fahren<br>**und**<br>Unfallfrei über eine 20 cm breite, 5 m lange Wippe fahren, die in der Mitte von einem Rundholz mit 10 cm Durchmesser getragen wird<br>**und**<br>In mindestens 50 Sek. maximal 25 m ohne Stillstand und Bodenberührung zurücklegen<br>**und**<br>Ein fehlerfreies Slalomfahren durch 6 im Abstand von 2 m aufgebaute Hindernisse absolvieren |

## TIERISCHE VEREINE

RV **Adler** Empfingen
RC **Albatros** Andernach
RC Berliner **Bär** e.V.
SVg Zehlendorfer **Eichhörnchen**
RV **Falke** Erlaheim
Rad**füchse** Büren 1993 e.V.
RSV **Löwe** Gifhorn v. 1907 e.V.
RV **Möwe** Britz

RV **Möve** Bilshausen e.V. 207
RV **Panther** Braunschweig e.V.
RSV **Schwalbe** Oelde 1920 e.V.
RC **Sturmvogel** v. 1898 e.V. Mülheim/Ruhr
RC **Taube** von 1932 Hannover
RV **Wandervogel** Beffendorf
RSC **Wildpferde** Weibern e.V.
RC **Zugvogel** Bielefeld e.V.

# EINE EUROPAKARTE DER RENNRADMODELLE

## DOPPELSIEGE BEI GRAND TOURS

*Lediglich neun Fahrern gelang es in der Geschichte des Straßenradsports, innerhalb einer Saison zwei der drei großen Landesrundfahrten zu gewinnen. Dabei blieben ihnen zwischen beiden Rennen unterschiedlich viele »Ruhetage«:*

1949 - Fausto Coppi - Giro, Tour **17 Tage**
1952 - Fausto Coppi - Giro, Tour **16 Tage**
1963 - Jacques Anquetil - Vuelta, Tour **38 Tage**
1964 - Jacques Anquetil - Giro, Tour **14 Tage**
1970 - Eddy Merckx - Giro, Tour **19 Tage**
1972 - Eddy Merckx - Giro, Tour **19 Tage**
1973 - Eddy Merckx - Vuelta, Giro **4 Tage**
1978 - Bernard Hinault - Vuelta, Tour **45 Tage**
1981 - Giovanni Battaglin - Vuelta, Giro **2 Tage**
1982 - Bernard Hinault - Giro, Tour **25 Tage**
1985 - Bernard Hinault - Giro, Tour **18 Tage**
1987 - Stephen Roche - Giro, Tour **17 Tage**
1992 - Miguel Indurain - Giro, Tour **19 Tage**
1993 - Miguel Indurain - Giro, Tour **18 Tage**
1998 - Marco Pantani - Giro, Tour **33 Tage**
2008 - Alberto Contador - Giro, Vuelta **89 Tage**

## WO RADSPORTLER UNTERWEGS SIND

»Ich fuhr auf Trabrennbahnen und Galoppbahnen,
auf Kricketplätzen und Marktplätzen,
auf Strandstraßen und Landstraßen,
auf Bürgersteigen und Fahrraddämmen,
in Tanzsälen und Schlachthäusern,
in Waffenhallen, Museen und anderen Innenräumen,
die kein Mensch für die Abhaltung von Radrennen
geeignet gehalten hätte.«

**Walter Rütt** (12. 09.1883 – 23. 06.1964 )

*als Sprinter und Sechstagefahrer einer der Radsportstars der ersten Stunde*

## LUXEMBURG VS. DEUTSCHLAND

*In diesen Jahren hatte das kleine Luxemburg mehr Starter bei der Tour de France zu verzeichnen als Deutschland:*

1907 / 1910 / 1911 / 1912 / 1913 / 1914 /
1924 / 1925 / 1926 / 1927 / 1928 / 1929 /
1939 / 1947 / 1948 / 1949 / 1950 / 1951 / 1952 /
1953 / 1954 / 1955 / 1956 / 1957 / 1970 / 1971 / 1983

## HYMNEN AUF DAS FAHRRADFAHREN...

JOSEF STRAUSS: Vélocipède, Polka schnell, op. 259 (1869)
HENRY DACRE: Bicycle Built for Two (1892)
ERSKINE HAWKINS: Big John's Bicycle Bounce (1942)
ANDRÉ BOURVIL: La môme rustine (1955)
FATS DOMINO: Rockin' Bicycle (1961)
TOMORROW: My White Bicycle (1967)
YVES MONTAND: Á Bicyclette (1968)
THE ARCHIES: Bicycles, Rollerskates (1969)
BURT BACHARACH: On a bicycle built for joy (1969)
RALPH MCTELL: Girl on a Bicycle (1969)
BRUCE COCKBURN: The bicycle trip (1970)
AMELITA BALTAR: La bicileta blanca (1971)
DOC WATSON & MERLE: The preacher and the bicycle (1971)
JOE DASSIN: Dans Paris à vélo (1972)
QUEEN: Bicycle race (1978)
MAX SPLODGE: Bicycle seat (1980)
ENGELBERT HUMPERDINCK: Les Bicyclette de Belsize (1981)
TOM WAITS: Broken Bicycles (1981)
TOM SANDS: I'm going back on the bicycle (1981)
RICCARDO COCCIANTE: In Bicicletta (1982)
BLÄCK FÖÖSS: Fahrrad (1982)
STERNHAGEL: Fahrradfahrn (1982)
BZN: A la campagne (1983)
THE NITS: Bike in head (1986)
ERNST NEGER: Ja, mir san mit´m Radl da (1990)
DIE PRINZEN: Mein Fahrrad (1991)
JÜRGEN VON DER LIPPE: König der City (1992)
LUKA BLOOM: The Accoustic Motorbike (1992)
HANS SÖLLNER: Mountainbike (1992)
SHONEN KNIFE: Cycling is fun (1992)
FISHMOB: Bonanzarad (1994)
SIR MIX-A-LOT: Ride (1994)
THE ROCHES: My new bicycle (1994)
LIVINGSTON TAYLOR: Bicycle (1996)
DIE SEER: Rudl Radl (1996)
FABSI & DER PEANUTSCLUB: Ich bin ne Fahrradkurier (1997)
GHOTI HOOK: My Bike (1997)
KUNI KIDS: Velo vole (2000)
THE ORB: Bicycles & Tricycles (2004)
THE BICYCLES: B-B-Bicycles (2006)
RADIOPILOT: Fahrrad (2008)

## ...UND DEN RADRENNSPORT

Ein Klassiker unter den Radsport-Kompositionen von den Roulleuren unter den Radsport-Komponisten: »Tour de France« hieß die 1983er Hit-Single der Elektro-Pioniere **KRAFTWERK**, die 2003 zum 100-jährigen Rundfahrt-Jubiläum ein gleichnamiges Album mit diesen Songs folgen ließen: »Prologue«, »Tour de France Etape 1-3«, »Chrono«, »Vitamin«, »Aero Dynamik«, »Titanium«, »Elektro Kardiogramm«, »La Forme«, »Regeneration« und »Tour de France«. +++ **THE DELGADOS** nannten ihre beiden ersten Alben »Domestiques« (1996) und »Peloton« (1998). +++ Die im Oktober 1998 gegründete englische Punkformation **ABDOUJAPAROV** hat sich nach einem gewiss nicht minder denkwürdigen Radrennfahrer benannt. Eine ihrer Plattenveröffentlichungen trägt den bezeichnenden Titel »Cycle Riot History Gang«. +++ Die beiden Schweden Mikko Gordon & Johan Peter Sundberg verbergen sich hinter dem Duo **INDURAIN**, das seine erste 3-Inch-Single mit einer mehr als hübschen historischen Radsportaufnahme illustrierte. +++ Als der Jazztrompeter **TILL BRÖNNER** für den »Höllentour«-Soundtrack ins güldene Blech blies, geschah dies in bestem Cyclisme-Französisch. Eine Titel-Auswahl: »Prologue«, »La Première Chute«, »Contre la Montre«, »Le Souci d'Eule«, Le Bus Le Pique-nique«, »Souffrance dans la montagne«, »La Voiture Balai«, »Le Destin de Klödi«, »21 mm«, »La descente sans peur«, »A travers le brouillard«, »La course d'enfer«, »Champs Elysées«. +++ Einen Namen machte sich **CHRISTOPHE MIOSSEC** zunächst als Songwriter für Johnny Hallyday. Seit 1994 steht er selbst auf der Bühne und schrubbte 1997 zu »Le criterium« die Akkustikgitarre: »J'aimerais tant m'échapper du peloton...« +++ Zur Tour de France 2002 brachten die französischen Raggamuffin-Spaßvögel von **LOCKO** die CD-Single »Mouille le maillot« auf den Markt, um ihre Fans im Juli richtig transpirieren zu lassen. +++ Der belgische Volkssänger **ERIC WILLE** verneigte sich unlängst auf »Van Flandriëns en Vlaamsche Leeuwen« zum Akkordeon vor großen Radsporthelden seines kleinen Landes – von Sylvere Maes bis Briek Schotte, von Jules Van Hevel bis André Depoorter. +++ Die 2008er Sommer-Single der in breitestem Limburgisch singenden Ethno-Folk-Band **ROWWEN HÈZE** heißt »Nar Boave« und stand ganz im Zeichen des Radrennsports. Im Jahr zuvor war die Combo von »Radio 1« bereits zum besten »Tour-de-France-Act« aller Zeiten gekürt worden. +++ Das **HENNING WOLTER TRIO** veröffentlichte 2008 das Jazz-Album »Le Grand Spectacle« mit den Titeln »Prologue«, »Downhill«, »La voiture balai«, »Breath!«, »Pyrénées«, »Helicopter«, »Provence«, und »Le baroudeur«. Nette Soundschnipsel von Rennfahrergehechel inklusive. +++ Unterirdische Beschallung für »Ulles« Untergang am Galibier. 1998 schmiss die Plattenfirma Eastwest auf die Schnelle einen »**TOUR DE FRANCE**«-Sampler auf den Markt, um das Team Deutsche Telekom mit Klängen aus dem Takt zu bringen, deren Radsportbezug oft gelinde gesagt recht vage war. Zu den »21 Racing tracks« gehören unter anderen: Mark 'Oh feat. Cecile - The Team on Tour / Mr. President - Happy People / Just Friends - Don't Forget the Sunshine / Modern Talking - You're My Heart, You're My Soul / C.Y.B. - Unstopable / Music Instructor feat. Triple-M Crew - Rock Your Body / Dune feat. Vanessa - Electric Heaven / Teknology - Victorial / Eskimos + Egypt - Got To The Yellow / Karl Bartos - Tour de France '98 / Teaser - The Race / Sven Väth - Face It / La Trec - Ride On Time / Blümchen - Blaue Augen / Scooter - How Much Is The Fish? Ballert also eher wie der Soundtrack zur Trofeo Mallorca. Oder zu Und-jetzt-die-Hände-zum Himmel-Wintersportvolksfesten in Oberhof und Willingen.

## BAHNBRECHENDE HOCHZEITEN

*Vom Bahnfahrer Charles Miller heißt es, dass er beim New Yorker Sechstagerennen im Jahr 1898 130 Stunden im Sattel verbrachte. Pro Tag legte er durchschnittlich 561 Kilometer zurück – und hatte dabei während einer tretfreien Phase noch genügend Zeit, um im Innenraum des Madison Square Garden seiner langjährigen Freundin das Ja-Wort zu geben.*

*Folgende Radsportler haben oder hatten sich für einen gemeinsamen Lebensweg entschieden:*

Michael Barry & Deirdre Demet-Barry
Lyne Bessette & Timothy Johnson
Davis Phinney & Connie Carpenter
Danny De Bie & Nicolle De Bie-Leyten
Gerrit de Vries & Anita Valen de Vries
Corina Griep & Henk Lubberding
Beate Habetz & Werner Stauff
Erin & May Britt Hartwell
Ted Huang & Christine Thorburn
Edith Klep & Koos Moerenhout
Gerrie Knetemann & Gre Knetemann-Donker
Rhonda Mazza & Eric Tonkin
Mirjam Melchers & Jean-Paul van Poppel
Nick Nuyens & Evy Van Damme
Joe Papp & Yuliet Rodriguez Jimenez
Christa Pirard & Bobbie Traksel
Joane Somarriba Arrola & Ramon Gonzalez Arrieta
Werner Wüller & Gabi Habetz
Michael Zijlaard & Leontien Zijlaard-van Moorsel

## MADE BY TULLIO

*Als Radrennfahrer war Tullio Campagnolo vielleicht nur Mittelmaß, fuhr als Namenloser im Schatten von Binda und Girardengo. Doch als er im November 1927 am Passo Croce d'Aune einen Defekt erlitt und machtlos mitansehen musste, wie das Verfolgerfeld an ihm vorbeizog, weil er mit klammen Händen die Flügelschrauben nicht lösen konnte, packte ihn der Ehrgeiz als Ingenieur. Und auf diesem Gebiet bewies er mehr als nur Weltklasse. Der Schnellspanner war die erste Erfindung, die Campagnolo patentieren ließ. Es folgten viele weitere, mit denen er die Velo-Welt revolutionierte: die Parallelogramm-Gelenkschaltung, die erste Alu-Kurbelgarnitur. Doch Campa-Anhänger können auch über den Radsport hinaus mit Design aus Vicenza ihren Stil beweisen:*

Nussknacker
Kleiderbügel
Korkenzieher
Tennisschläger
Sportfelgen

## TOUR DE FRANCE PRO EINWOHNER

*So viele Etappenankünfte der Tour erlebten französischen Großstädte pro 100.000 Einwohner:*

| | | | |
|---|---|---|---|
| **33,99** | Bordeaux | 78 **Zielank.** | 229.500 **Einwohner** |
| **29,79** | Metz | 37 | 124.200 |
| **27,83** | Perpignan | 32 | 115.500 |
| **21,92** | Grenoble | 34 | 155.100 |
| **18,61** | Brest | 27 | 145.100 |
| **14,77** | Rouen | 16 | 108.300 |
| **13,78** | Besançon | 16 | 116.100 |
| **13,17** | Nancy | 14 | 106.300 |
| **13,11** | Saint-Étienne | 23 | 175.500 |
| **12,62** | Mülhausen | 14 | 110.900 |
| **12,42** | Angers | 19 | 153.000 |
| **11,27** | Dijon | 17 | 150.800 |
| **10,08** | Montpellier | 25 | 248.000 |
| **9,94** | Nantes | 28 | 281.800 |
| **9,80** | Nizza | 34 | 346.900 |
| **9,80** | Le Havre | 18 | 183.600 |
| **9,72** | Nîmes | 14 | 144.000 |
| **8,88** | Limoges | 12 | 135.100 |
| **7,71** | Straßburg | 21 | 272.500 |
| **6,67** | Lille | 15 | 224.900 |
| **6,59** | Amiens | 9 | 136.600 |
| **6,57** | Toulon | 11 | 167.400 |
| **6,18** | Rennes | 13 | 210.500 |
| **5,49** | Toulouse | 24 | 437.100 |
| **5,13** | Tours | 7 | 136.400 |
| **4,87** | Le Mans | 7 | 143.800 |
| **4,57** | Paris | 99 | 2.166.200 |
| **4,33** | Reims | 8 | 184.800 |
| **4,25** | Aix-en-Provence | 6 | 141.200 |
| **3,87** | Marseille | 32 | 826.700 |
| **3,53** | Orleans | 4 | 113.200 |
| **3,42** | Lyon | 16 | 467.400 |
| **1,82** | Boulogne-Billancourt | 2 | 110.300 |
| **1,44** | Clermont-Ferrand | 2 | 139.300 |

Ohne Zielankunft: Montreuil (100.600), Argenteuil (102.400), Villeurbaune (134.800).

*Zum Vergleich – ausgewählte Kleinstädte:*

| | | | |
|---|---|---|---|
| **1551,73** | Luchon | 45 | 2.900 |
| **1529,41** | L'Alpe d'Huez | 26 | 1.700 |
| **264,46** | Briançon | 32 | 12.100 |
| **67,47** | Pau | 56 | 83.000 |

## DIE B.I.G.-CHALLENGE

*Deutschland ist nicht unbedingt das perfekte Terrain für »Bergziegen«. Doch glaubt man den Initiatoren der BIG-Challenge, gibt es auch hierzulande 50 Pässe, die jeder kletterfreudige Rennradbesitzer zumindest einmal bezwungen haben sollte. Weltweit haben die Macher der Website* ***www.challenge-big.eu*** *insgesamt 1.000 besonders herausfordernde oder aus Profirennen bekannte Bergstrecken ausgewählt, für die alle registrierten Mitglieder sich je nach Schwierigkeitsgrad eine bestimmte Punktzahl gutschreiben lassen können.*

| | Punkte | Höhe | Höhengewinn | Länge | Steigung (ø) | Steigung (max) |
|---|---|---|---|---|---|---|
| 1 Waseberg | 98 | 87 m | 70 m | 0,7 km | 10 % | 18 % |
| 2 Hermannsdenkmal | 224 | 385 m | 251 m | 3 km | 8 % | 11 % |
| 3 Hoher Meissner | 400 | 718 m | 329 m | 4 km | 7 % | 11 % |
| 4 Hoherodskopf | 293 | 740 m | 458 m | 9 km | 4 % | 10 % |
| 5 Mützenich | 195 | 618 m | 362 m | 19 km | 1 % | 6 % |
| 6 Schwarzer Mann | 163 | 697 m | 270 m | 8 km | 3 % | 8 % |
| 7 Hohe Acht | 308 | 747 m | 519 m | 14 km | 3 % | 11 % |
| 8 Krautscheid | 192 | 558 m | 313 m | 16 km | 2 % | 15 % |
| 9 Steigung von Bremm | 219 | 423 m | 330 m | 6 km | 5 % | 8 % |
| 10 Stumpfer Turm | 286 | 578 m | 459 m | 14 km | 3 % | 7 % |
| 11 Erbeskopf | 262 | 818 m | 378 m | 8 km | 4 % | 13 % |
| 12 Winterbergstraße | 346 | 552 m | 432 m | 6 km | 7 % | 14 % |
| 13 Schaumberg | 261 | 568 m | 285 m | 4 km | 7 % | 15 % |
| 14 Hesselberg | 250 | 670 m | 240 m | 3 km | 8 % | 15 % |
| 15 Donnersberg | 393 | 686 m | 501 m | 11 km | 4 % | 14 % |
| 16 Trifels | 195 | 376 m | 184 m | 7 km | 2 % | 16 % |
| 17 Hornisgrinde | 848 | 1136 m | 911 m | 14 km | 6 % | 15 % |
| 18 Schliffkopf | 481 | 1038 m | 526 m | 16 km | 3 % | 10 % |
| 19 Löcherbergwasen | 308 | 648 m | 291 m | 3 km | 8 % | 13 % |
| 20 Kandel | 746 | 1183 m | 848 m | 10 km | 8 % | 11 % |
| 21 Schauinsland | 765 | 1182 m | 942 m | 19 km | 5 % | 15 % |
| 22 Belchen | 685 | 1360 m | 1120 m | 29 km | 3 % | 8 % |
| 23 Herzogenhorn | 425 | 1345 m | 665 m | 10 km | 6 % | 9 % |
| 24 Hochblauen | 777 | 1164 m | 881 m | 11 km | 7 % | 15 % |
| 25 Weißenbachsattel | 539 | 1078 m | 571 m | 10 km | 5 % | 14 % |
| 26 Lochenpass | 535 | 875 m | 282 m | 5 km | 5 % | 8 % |
| 27 Petersberg | 238 | 331 m | 278 m | 4 km | 6 % | 14 % |
| 28 Kahler Asten | 274 | 841 m | 508 m | 21 km | 2 % | 9 % |
| 29 Großer Inselberg | 466 | 905 m | 528 m | 8 km | 6 % | 13 % |
| 30 Wasserkuppe | 467 | 947 m | 497 m | 9 km | 5 % | 11 % |
| 31 Hohe Wurzel | 315 | 568 m | 293 m | 3 km | 9 % | 16 % |
| 32 Großer Feldberg | 407 | 876 m | 572 m | 14 km | 4 % | 9 % |
| 33 Katzenbuckel | 466 | 626 m | 442 m | 5 km | 8 % | 16 % |
| 34 Sonnenberg | 433 | 829 m | 568 m | 24 km | 2 % | 11 % |

| | Punkte | Höhe | Höhengewinn | Länge | Steigung (ø) | Steigung (max) |
|---|---|---|---|---|---|---|
| 35 Brocken | 578 | 1142 m | 922 m | 15 km | 6 % | 30 % |
| 36 Rosstrappe | 226 | 392 m | 228 m | 2,5 km | 9 % | 12 % |
| 37 Auersberg | 308 | 1018 m | 416 m | 11 km | 3 % | 13 % |
| 38 Fichtelberg | 441 | 1214 m | 556 m | 13 km | 3 % | 10 % |
| 39 Schwarzriegel | 524 | 1078 m | 488 m | 7 km | 6 % | 18 % |
| 40 Großer Arber | 367 | 920 m | 428 m | 14 km | 3 % | 10 % |
| 41 Oberjochpass | 283 | 1078 m | 291 m | 24 km | 1 % | 6 % |
| 42 Nebelhorn/E.-Probst-Haus | 1872 | 1925 m | 1089 m | 7 km | 14 % | 35 % |
| 43 Riedbergpaß | 733 | 1420 m | 855 m | 27 km | 3 % | 8 % |
| 44 Allgäuer Berghof | 696 | 1260 m | 523 m | 4 km | 13 % | 18 % |
| 45 Kesselbergstraße | 159 | 859 m | 256 m | 5 km | 5 % | 7 % |
| 46 Wallbergstraße | 315 | 1112 m | 381 m | 5 km | 7 % | 10 % |
| 47 Spitzingsattel | 329 | 1128 m | 244 m | 4 km | 8 % | 12 % |
| 48 Südelfeld | 508 | 1123 m | 647 m | 16 km | 3 % | 12 % |
| 49 Hirschbichl | 487 | 1183 m | 525 m | 13 km | 4 % | 23 % |
| 50 Rossfeld | 838 | 1543 m | 1031 | 13 km | 7 % | 13 % |

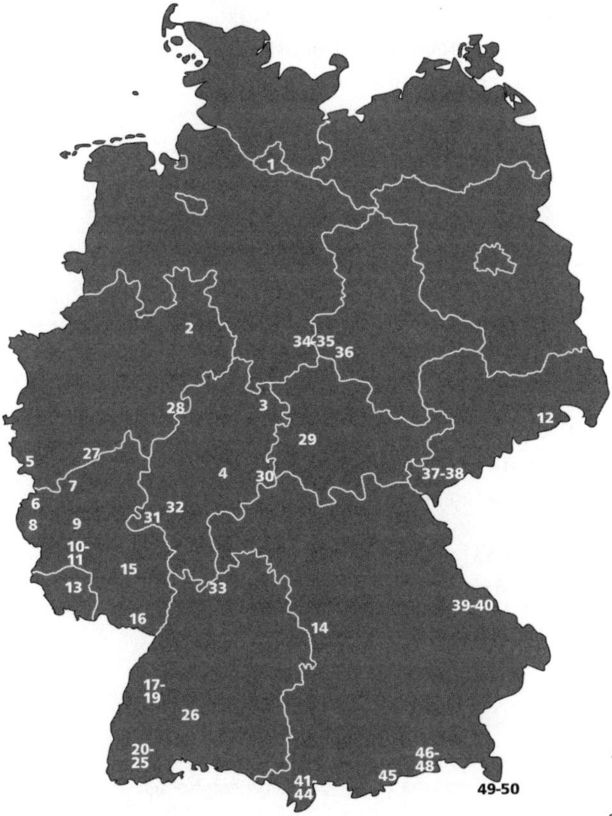


*Aufgeführt ist bei jedem Pass die laut BIG-Wertung jeweils schwierigste Anstiegsvariante.*

## DIE GELDGEBER

*Eine Auswahl jener branchenfremden Sponsoren, die als Namensgeber und Werbepartner die erfolgreichsten Teams der Radsportgeschichte finanziert haben:*

KAS – spanischer Limonaden- und Fruchtsafthersteller
T-MOBILE/TELEKOM – deutscher Telekommunikationskonzern
MOLTENI – italienischer Fleischwarenproduzent
ONCE – spanische Blindenlotterie
MAPEI – italienischer Hersteller von bauchemischen Produkten
FAEMA – italienischer Kaffeemaschinenhersteller
RABOBANK – niederländische Genossenschaftsbank
BANESTO – spanische Großbank
KELME – spanischer Sportschuhhersteller
ST. RAPHAEL – französische Spirituosenmarke
LAMPRE – italienischer Baustoffhersteller
BIC – französischer Kugelschreiber- und Feuerzeughersteller
LOTTO – belgische Staatslotterie
PANASONIC – japanischer Hersteller von Unterhaltungselektronik
CARRERA – italienischer Jeanswarenhersteller
CSC – amerikanischer IT-Dienstleister
TEKA – spanischer Hersteller von Küchen- und Haushaltsgeräten
RENAULT – französischer Fahrzeughersteller
SALVARANI – italienischer Küchenhersteller
FAGOR – spanischer Hausgerätehersteller
COFIDIS – französisches Telekredit-Unternehmen
CARPANO – italienischer Spirituosenhersteller
GAN – französische Versicherungsgesellschaft
PELFORTH – französische Brauerei
GEROLSTEINER – deutscher Mineralwasserbrunnen
TVM – niederländische Versicherungsgesellschaft
IJSBOERKE – belgischer Sahneeisproduzent
FESTINA – spanischer Uhrenhersteller
PDM – niederländische Projektbaugesellschaft
CRÉDIT AGRICOLE – französische Bauernbank
US POSTAL SERVICE – amerikanische Post
FASSA BORTOLO – italienischer Baustoffhersteller
SAECO – italienischer Kaffeemaschinenhersteller
SCIC – italienischer Küchenhersteller
QUICK STEP – belgischer Hersteller von Fußbodenbelägen
GÉNIAL – französisches Transportunternehmen
FDJEUX – französische Staatslotterie
LIQUIGAS – italienische Flüssiggasvertriebsgesellschaft
WIEL'S – belgische Brauerei

Z – französische Kette von Modeboutiquen
EUSKALTEL – spanisches Telekommunikationsunternehmen
MIKO – französische Speiseeismarke
MERCATONE UNO – italienische Supermarktkette
ARIOSTEA – italienischer Hersteller von Marmor für Fußböden und Wandverkleidungen
POLTI – italienischer Haushaltsgerätehersteller
DEL TONGO – italienischer Küchenhersteller
LA REDOUTE – französisches Versandhaus
AG2R PRÉVOYANCE – französisches Versicherungsunternehmen
PHONAK – Schweizer Hörgerätehersteller
SANSON – italienischer Speiseeishersteller
SOLO – belgische Magarinemarke
GEWISS – italienischer Hersteller von Elektroinstallationsbauteilen
DISCOVERY CHANNEL – amerikanischer Fernsehsender
SYSTEME U – französische Supermarktkette
SONOLOR – französischer Radiohersteller
CASTORAMA – französische Baumarktkette
SAUNIER DUVAL – französischer Hersteller von Heiz- und Klimageräten
LA VIE CLAIRE – französische Supermarktkette
BROOKLYN – italienische Kaugummimarke
CAISSE D'EPARGNE – französisches Bankinstitut
MOTOROLA – amerikanischer Hersteller von Handys und elektronischen Systemen
WATNEY – belgische Brauerei
MAGNIFLEX – italienischer Matratzenhersteller
DOMO – belgischer Hersteller von Teppichen und Bodenbelägen
FARM FRITES – niederländischer Tiefkühl-Pommes-Hersteller
ALESSIO – italienischer Hersteller von Aluminiumfelgen
BONJOUR – französische Tageszeitung
7-ELEVEN – Supermarktkette mit Hauptsitz in Japan
CAPRI-SONNE – deutscher Fruchtsaftproduzent
CHATEAU D'AX – italienischer Hersteller von Polstermöbeln
CAFÉ DE COLOMBIA – Verband der kolumbianischen Kaffeebauern
JEAN DELATOUR – französische Schmuckgeschäft-Kette
TACCONI SPORT – italienischer Sportswear-Hersteller
VINI CALDIROLA – italienisches Weinbauunternehmen

*Hinzu kamen diverse Fahrrad- und Komponentenhersteller wie:*

| | | | |
|---|---|---|---|
| PEUGEOT | ALCYON | MERCIER | LA FRANÇAISE |
| BIANCHI | LEGNANO | FLANDRIA | FRÉJUS |
| RALEIGH | HELYETT | DILECTA | STELLA |
| ATALA | GITANE | CILO | LA PERLE |
| TERROT | REYNOLDS | J.B. LOUVET | LA SPORTIVE |
| AUTOMOTO | SPLENDOR | LOCOMOTIEF | THOMANN |

## KOPFSTEINPFLASTER FÜR JEDERMANN

*Bei »perfektem« Ronde-Wetter, also Sturm, Regen und frostigen Temperaturen, wagten sich 2008 am Vortag des Profirennens rund 17.000 Starter an die RTF-Version der legendären Flandern-Rundfahrt. 3.000 Teilnehmer nahmen die komplette Strecke über 269 Kilometer in Angriff. 5.000 Hobbyfahrer waren extra aus dem Ausland angereist. An den Verpflegungsstellen reichten die Veranstalter:*

27.000 Liter Isostar
12.500 Chiquita Bananen
9.000 Apfelsinen
110.000 Meli-Waffeln und -Honigkuchen
23.000 Zuckerwaffeln
22.000 Alpro Sojagetränke

## SPANISCH

*Fans des spanischen Radprofis »Chechu« Rubiera, der unter anderem für seine US-amerikanischen Arbeitgeber US Postal und Discovery Channel in die Pedale trat, geben auf ihrer Homepage ein paar Einblicke in den Dolmetscher-Alltag des multinationalen Radsports.*

¡Pedalea a toda marche!
»Bring richtig Druck auf die Pedale.«

¡Fuera de mi camino!
»Aus dem Weg!«

¿Estes seguro deque estamos en el camino correcto?
»Bist du sicher, dass wir auf dem richtigen Weg sind?«

¡Creo que mis frenos están atascados!
»Ich glaube, meine Bremsen schleifen.«

¿Puedes guiarme hasta el sprint?
»Ziehst du mir den Sprint an?«

¿Ha montado algo durante este año?
»Bist du dieses Jahr überhaupt schon mal gefahren?«

¿Monto demasiado rápido para ti?
»Fahre ich eigentlich zu schnell für dich?«

¡Te esperaré en el aparcemiento!
»Ich warte am Parkplatz auf dich.«

## PRÜFUNGEN FÜR ANSPRUCHSVOLLE

*Wer auf die Schnelle möglichst viele Pässe für seine persönlichen Kletter-Palmares sammeln möchte, für den bieten sich zwei »Randonnées« durch jene beiden europäischen Hochgebirge an, in denen sich – nicht nur – die Tour de France entscheidet.*

### Raid Pyrénéen

*Hendaye (Atlantik) – Cerbere (Mittelmeer)*

*730 km, 18 Pässe, 11.800 Höhenmeter*

Eine »Randonée« über den Hauptkamm der Pyrenäen, die seit 1950 vom Cyclo-Club Bernais betreut wird. Dessen Diplom erhält, wer die gesamte Strecke in weniger als 100 Stunden zurücklegt (und das durch eine entsprechend an allen Kontrollstellen abgestempelte Wertungskarte belegen kann). Als Alternative lässt sich der Raid Pyrénéen auch in einer »Touriste«-Version absolvieren. Das bedeutet noch einmal 60 Kilometer, 10 Pässe und rund 5.000 Höhenmeter mehr – dafür aber auch zehn Tage Zeit.

*Hendaye - Col St. Ignace (169 m) - Grenze Spanien/Frankreich - Col Pinodeila (176 m) - Espelette - Col d'Osquich (500 m) - Gurmencon - Col de Marie-Blanque (1035 m) - Laruns - Col d'Aubisque (1709 m) - Col de Soulor (1464 m) - Argeles - Col de Tourmalet (2115 m) - St. Marie-de-Campan - Col d'Aspin (1489 m) - Col de Peyresourde (1569 m) - Bagneres de Luchon - Col des Arres/Ares (797 m) - Col de Portet d'Aspet (1069 m) - St. Giront - Massat - Col de Caougnous (947 m) - Col de Port (1249 m) - Tarascon - Ax-les-Thermes - Col de Puymorens (1915 m) - Puiggcerda - Col de Lious (1345 m) - Col de Rigat (1488 m) - Col de la Perche (1507 m) - Mount Louis (1585 m) - Prades - Argeles sur Mer - Port Vendres - Banyules s. Mer - Cerbere*

### Raid des Alpes
### Randonnée Alpine Léman-Adriatique

*Thonon-les-Bains (Genfer See) – Triest (Mittelmeer)*

*1.180 km, 44 Pässe, 22.131 Höhenmeter*

Für das zermürbende Auf und Ab vom Genfer See an die Adria bleiben zwölf Tage Zeit, um das begehrte »Raid des Alpes«-Diplom zu ergattern. Dies ist nur eine von zwei Brevet-Strecken ans Mittelmeer, die der Verein Cyclos Randonneurs Thononais betreut. Die zweite führt über 740 Kilometer und 43 Cols mit insgesamt 18.187 Höhenmetern von Thonon nach Antibes an der Côte d'Azur und ist in sieben Tagen zu meistern.

*Thonon-les-Bains (426 m) - Morgins (1.371 m) - Simplon (2005 m) - Druogno (831 m) - Piano di Sale (935 m) - Forcola (1662 m) - San Bernadino (2065 m) - Splügen (2113 m) - Maloja (1815 m) - Bernina (2328 m) - Livigno (2315 m) - Eira (2210 m) - Foscagno (2291 m) - Braulio (2268 m) - Umbrail-Pass (2501 m) - Stelvio (2758 m) - Palade (1512 m) - Mendola (1363 m) - Fiè allo Sciliar (859 m) - Pinei (1437 m) - Sella (2213 m) - Col de Toi (2244 m) - Pordoi (2239 m) - Campolongo (1875 m) - Valparola (2192 m) - Falzarego (2105 m) - Colle Santa Lucia (1435 m) - Giau (2233 m) - Tre Croci (1805 m) - Misurina (1759 m) - Antorno (1866 m) - Longeres (2330 m) - Dobbiaco (1209 m) - Monte Croce di Comelico (1636 m) - Zovo (1476 m) - Laggio (944 m) - Ciampigotto (1790 m) - Razzo (1760 m) - Lavardét (1542 m) - Valcalda (959 m) - Marcilie (776 m) - Mena (300 m) - Interneppo (315 m) - Monte Croce (267 m) - Iamiano (65 m) - Triest (0 m)*

## LEGALES DOPING

*Der österreichische Radprofi Georg Totschnig vertreibt einen nach ihm benannten Wein – auf dem Etikett ist Österreichs Sportler des Jahres 2005 in Jubelpose zu sehen.*

**Zweigelt – Edition Totschnig**
Dunkles Rubinrot, vielschichtige Frucht,
harmonisch und samtig, mit dichten Extrakten,
hohes Lagerpotential

Jahrgang: 2004
Riede: Haideboden & Prädium
Rebenalter: 8 bzw. 20 Jahre
Erntetermin: Oktober 2004
Ernte: Positivauslese per Hand
Vergärung: Offene Gärung bei ca. 28°C
Ausbau: 1-3 Jahre Barriques
Abfüllung: Juli 2006
Alkohol: 13,5% vol
Säure: 4,9 g/l
Restzucker: 2,2 g/l

## RADSPORT-JARGON (1): FAHRWEISE UND MANÖVER

*Was ein Rennfahrer unterwegs alles mit seinem Rad anstellen kann:*

an der Kante entlang preschen
antreten
ans Hintrerrad klemmen
am Horn reißen/ziehen
(seinen Kapitän) aus dem Wind nehmen
(einen Gegner) aus dem Trikot fahren
attackieren
bremsen (eine Gruppe)
Bus fahren
das Rennen blockieren
den Sprint lancieren
die Beine hochnehmen
die Straße ausmessen
draufliegen
drücken
(einen Fahrer) auf Kante setzen
ein Loch lassen/schließen/zuklemmen
eine Runde tauchen
einen guten Zug aufbauen/erwischen
gehen (d.h. attackieren)
im Kuchen (dem Peloton) fahren
im Feld verstecken
(einen Fahrer) im Wind sterben lassen
in den Lenker beißen
lutschen
ranekeln (an eine Gruppe)
rausnehmen
Schlafwagen fahren
sich die Beine verbiegen
sich vorne zeigen
(eine Gruppe) sprengen
Stehversuche unternehmen
stricken
über's Vorderrad fahren
Wellen fahren
würgen

## HOHER BESUCH

*Fünf französische Staatspräsidenten haben die Tour de France während ihrer Amtszeit besucht:*

Am **16. Juli 1960** verließ **Charles de Gaulle** in Begleitung seiner Gattin Yvonne sein Anwesen in Colombey-les-Eglises, um die Tour-Karawane quasi am Fuße seines Gartens zu begrüßen. Rennleiter Goddet neutralisierte daraufhin kurzerhand das Rennen. De Gaulle schüttelte unter anderem dem Italiener Gastone Nencini im Gelben Trikot und dem französischen Landesmeister Henri Anglade die Hand.

Am **20. Juli 1975** war **Valéry Giscard d'Estaing** auf den Champs-Élysées zugegen, um einem französischen Tour-Sieger zu gratulieren. Er hatte auf dem Podium die Ehre, Bernard Thévenet das Gelbe Trikot zu überreichen. Es war das erste Mal, dass die Tour auf dem Prachtboulevard im Herzen der französischen Hauptstadt zu Ende ging.

Am **10. Juli 1985** tauchte während der 12. Etappe von Morzine nach Lans-en-Vercors unerwartet **François Mitterand** als Tourist am Straßenrand auf, mischte sich unter die Zuschauer und fotografierte die Fahrer im Anstieg.

Am **18. Juli 1998** wohnte **Jacques Chirac** der 7. Etappe der Tour de France bei, einem Einzelzeitfahren von Meyrignac-l'Eglise nach Corrèze über 58 km. In Gesellschaft seiner Frau und von Jean-Claude Killy verfolgt er die Zielankunft der Fahrer. Es gewann Jan Ullrich.

Am **17. Juli 2007** stattete **Nicolas Sarkozy** der Tour de France schon rund zwei Monate nach seiner Ernennung einen Besuch ab und fuhr auf der 9. Etappe von Val d'Isere nach Briançon etwa 50 Kilometer im Wagen von Tour-Direktor Christian Prudhomme mit. Im Fernseh-Interview mit der französischen Radsport-Ikone Laurent Jalabert inszenierte er sich als leidenschaftlicher Radsportfan, der seit knapp vier Jahrzenten keine Frankreich-Rundfahrt verpasst habe: »Ich bin überzeugt, dass die Tour de France Teil des kleinen Glücks der Franzosen ist. Ein Juli ohne Tour de France wäre kein Juli.« Um das aktuelle Radsportgeschehen zu verfolgen, scheint dem Präsidenten allerdings die Zeit zu fehlen. Er hielt Christophe Moreau für den Favoriten auf den Tour-Sieg.

## RADRENNEN, DIE NACH ZEITUNGEN BENANNT SIND

Omloop Het Volk (Belgien)
Criterium Dauphiné Libéré (Frankreich)
GP der Tiroler Tageszeitung (Österreich)
GP Jornal de Noticias (Portugal)
GP la Liberté Fribourg (Schweiz)
GP La Marseillaise (Frankreich)
GP Liberazione Roma (Italien)
GP O Jogo (Portugal)
GP Wielerrevue (Niederlande)

## DIE LETZTEN ABENTEUER

*Man muss nicht unbedingt zur Weltelite des Metiers gehören, um an jenen Radrennen teilnehmen zu können, die ein gewisses Etwas haben, einen besonderen Nervenkitzel und Reiz verkörpern. Einige Vorschläge:*

**Race Across America – kurz RAAM** (USA): 4.730 Kilometer. Acht Bundesstaaten. Ein durchgängiges Radrennen von Kalifornien am Pazifik nach Georgia am Atlantik. Im Prinzip kennt das Spektakel nur eine Regel: Niemand darf von der festgelegten Route abweichen. Alle 80 Kilometer ist eine Kontrolle aufgebaut. Der Mythos RAAM hat mittlerweile einige Nachahmer auf den Plan gerufen. Darunter das nach eigenen Angaben »härteste Eintagesrennen der Welt«, das zwar **Race Across The Alpes (RATA)** heißt, aber eigentlich über 525 Kilometer und 13.650 Höhenmetern nur im Kreis führt: von Nauders in Tirol über Stelvio, Mortirolo und Co. nach Nauders in Tirol. Das **Race Across Germany** findet noch in kleinem Rahmen statt – als maximal 48-stündige Fahrt im geschlossenen Verband von Flensburg nach Garmisch.

**Paris–Brest–Paris** (FRA): Wenn es einen Klassiker der Extreme gibt, dann ist es »PBP«. Bis 1956 das traditionsreichste und fraglos zermürbendste »Eintages«-Rennen im Profikalender, seither ein im Vierjahrestakt ausgetragener Radmarathon für die Hartgesottenen unter den Hobbyfahrern und Randonneuren. Start und Ziel erfolgen in Guyancourt vor den Toren von Paris, der Wendepunkt liegt im nordwestlichen Zipfel des Landes in der Bretagne. Macht insgesamt 1.200 Kilometer. Doch auch wer diese Strecke in weniger als 50 Stunden zurücklegt, bekommt offiziell keine bessere Zeit gutgeschrieben. Schließlich ist PBP ein Brevet, versteht sich also ausdrücklich nicht als Rennen, sondern als Ausdauerprüfung.

**L'Eroica** (ITA): Das Vorzeigeereignis der Retro-Szene. 2.000 »Living History«-Freunde brettern im Herbst mit Rennrad-Oldtimern über 35 bis 200 Kilometer erlesensten Chianti-Schotters. Modernes Material ist zwar erlaubt, aber wer etwas auf sich hält, streift das kratzende Wolltrikot über und schwingt sich auf den Renner von Octave Lapize. Große Emotionen, wunde Hintern.

**Kalmit-Klapprad-Cup** (GER): Die Kalmit ist der höchste Berg des Pfälzerwaldes. Was ein Klapprad ist, wissen wir alle seit den Siebzigern. Und hinter dem Cup verbirgt sich natürlich ein Rennen. Ein recht spaßbetontes wohlgemerkt.

**Iditabike-Race** (USA): Wahrlich nichts für Radsportler, die in »Ulle«-Manier erst bei hochsommerlichen Temperaturen aufdrehen. Dieses Ultra-Rennen durch Eis und Schnee führt seit 1987 jedes Jahr im Winter über einen berühmten historischen Schlittenhundepfad in Alaska, den Iditarod Trail. Fünfzig Startplätze stehen zur Verfügung. Die Strecke wurde von ursprünglich 200 Meilen (320 km) mittlerweile auf ultimative 1100 Meilen erweitert.

**24-Stunden-Rennen** für Teams und Einzelstarter gibt es in Anlehnung an das Motorspektakel von Le Mans mittlerweile auch für Hobbyradsportler zur Genüge. Das wohl bekannteste hierzulande geht im Rahmen von Rad am Ring auf der Nordschleife über die Bühne.

**MTB Extrem** (GER): In Sondershausen in der Nähe von Leipzig finden seit einigen Jahren in einem ausgedienten Salzstollen regelmäßig Mountainbike-Rennen unter Tage statt. In bis zu 1.050 Metern Tiefe müssen sich die Teilnehmer auf wahrlich extreme Bedingungen einstellen: Temperaturen an die 30 Grad, lediglich 20 Prozent relative Luftfeuchtigkeit, dazu ein enger, verwinkelter und zuweilen spärlich beleuchteter 5-Kilometer-Kurs, der mit Steigungen bis zu 20 Prozent gespickt ist. Eine private Unfall- und Haftpflichtversicherung ist obligatorisch.

## WAS AUF TRIKOTS KREUCHT UND FLEUCHT

*Dank der Trikotausrüster wimmelte es auf Radsport-Jerseys seit jeher nur so vor Skorpionen, Hähnen und Pumas. Doch im eigentlichen Trikot-Design vertraute die Branche in der Regel auf Muster aller Art - von eher dezenten Längsstreifen (Carpano) und Brustringen (Bianchi) bis hin zu fulminant gescheiterten Versuchen, ein Bild von Piet Mondriaan abzumalen, während in Seifenlauge gelöstes Achtzigerjahre-LSD das Hirn umtost (Mapei). Lediglich in Ausnahmefällen ließen Hauptsponsoren ihre Schriftzüge nicht für sich stehen, sondern ergänzten Figuratives:*

Der Ballpen-Boy – BIC
Baskenmütze + Baguette – TONTON-TAPIS
Chronometer – FESTINA
Klebertube – TVM-BISON
Kleeblatt – FRANÇAISE DE JEUX
Kompass – RABOBANK
Löwe – TOPSPORT-VLAANDEREN
Löwe mit Lanze und Schild – CHATEAU D'AX
Ohrmuschel – PHONAK
Pinsel – HISTOR-SIGMA
Rennpferde – P.M.U. (Grünes Trikot der Tour de France)
Taube – LA VIE CLAIRE
Tomate – MG-BIANCHI
Weizen – CAJA RURAL

## MILCHMÄNNER

*Der Sponsor Milram bot nicht nur dem Portal* ***radsportnews.com*** *so manche Steilvorlage, um Überschriften in Manier des Kicker-Sportmagazins zu zwirbeln:*

»Milram diesmal erste Sahne«
»Milram-Stars machen Quark«
»Siege – sonst wird die (Nord-)Milch sauer«
»Wieder mal Milram-Quark«
»Milram-Stars wollen San Remo-Triumph: Milch-Union Riviera«
»Die Milchmänner-Rechnung«

## AUSZEICHNUNGEN FÜR DAS TEAM TELEKOM 1997

*Rolf Aldag, Udo Bölts, Christian Henn, Jens Heppner, Giovanni Lombardi, Bjarne Riis, Georg Totschnig, Jan Ullrich und Erik Zabel erhielten nach der Tour '97 die folgenden Auszeichnungen:*

Mannschaft des Jahres
Loorbeerblatt in Silber der Bundesrepublik Deutschland
Fair-Play-Preis der deutschen Olympischen Gesellschaft

## UNGEWÖHNLICHES ZUBEHÖR

*In frühen Jahren wurde Radsportlern in Fachmagazinen auch diverses Zubehör schmackhaft gemacht, das sich Gottseidank nicht durchsetzen konnte:*

Taschenpistole für Radfahrer
in Verbindung mit einem Schraubenzieher u. Schraubenschlüssel.
Fein vernickelt, mit Nußbaumschaft und Patronenauswerfer,
Kaliber 6mm. Stück Mark 4,75.

Neuheit! Fahrrad-Wimpel aus Metall.
Dauerhaft, bunt emailliert.
Einzigartige Schutzblechfigur in nationalen Farben:
Mit Hakenkreuz oder Schwarz-Weiß-Rot.

Stulpenförmige Handschoner für Radfahrer,
werden im Winter unterhalb der Griffe am Lenker angeschnallt
und schützten die Hand gegen Kälte.
Schwarzweißes Fischgrätenmuster, schwarzer Saum.

Interessante Neuheit! Radle mit Musik! Schönstes Vergnügen auf Ausflügen.
Gleichmäßiges Tempofahren nach dem Rhythmus der Melodien.
Fahrrad-Musik-Apparat »Troubadour« –
ist an jedem Rade anbringbar, hat auswechselbare Notenscheiben,
spielt automatisch 500 Stücke, leicht an- und abstellbar.
Preis 54 Mark. Versand gegen Nachnahme.

## LYRISCHER RADSPORT: DIE WOHLKLINGENDSTEN RENNEN

Virgen de Dorleta (ESP) / Volta do Futuro (POR) /
Vuelta Laborantoria de Paz (COL) / Vulcan Tour (USA) /
Vuelta a la Costa (COL) / Vuelta A Sinaloa (MEX) /
Ronde van het Groene Hart (NED) / Wheat Thins Mayors Cup (USA) /
Wyscig Kuriera Lubelskiego (POL) / Wyscig Pasmen Gor (POL) /
The Heart of it all Tour (USA) / Schaal Sels Merksem (BEL) /
Ronde van Maria Feira (POR) / Perfs Pedal Race (GBR) /
Malopolski Wyscig Gorski (POL) / Premio Mundo Ciclistico (COL) /
Prix D'Armor (FRA) / Prix de la Mi-Aout (FRA) /
Prix de L'usjsf Beaucamps (FRA) / Prix de L'usjsf Ostricourt (FRA) /
Prix des Bles D'Or (FRA) / Puchar ministra Obrony Naodowej (POL) /
Puchar Prezydanta Slaskiej (POL) / Dookola mazowzsa (POL) /
Dookola Warmii i Mazur (POL) / Dookola Wielkopolski (POL) /
Cztery Asy Fiata (Polen) / Course de Solidarnosc et des Champions Olympiques (POL)

## WAS BIN ICH?

*Lange Zeit veranstaltete die Radsportpresse mit Vorliebe eine Art heiteres Beruferaten. Um Rennfahrer bloß nicht zu oft mit ihrem schnöden Namen nennen zu müssen, erdachten Desgrange, Goddet & Co. lieber blumige Umschreibungen, die sich häufig auf die familiäre Herkunft der Herren Profis bezogen. In jüngerer Zeit wurden bei diesem Spielchen auch mehr oder minder lukrative Nebenjobs in Betracht gezogen, die sich zusammen mit der Strampelarbeit erledigen lassen (siehe R. Massi).*

| | |
|---|---|
| Der ADVOKAT | Lode Anthonis |
| Der APOTHEKER | Rodolfo Massi |
| Der kleine BÄCKER aus Berg | Raymond Impanis |
| Der BÄCKER aus St Méen | Louison Bobet |
| Der BAUER | Cyrille Van Hauwaert |
| Der Prinz der BERGARBEITER | Hippolyte Pagie |
| Der DACHDECKER | Serge Baguet |
| Der GRANITGRÄBER | Albert Bouvet |
| Der GÄRTNER | Luis Herrera |
| Der GEIGER | Félix García Casas |
| Der HIRTE aus Manosque | Edouard Fachleitner |
| Der MAURER aus dem Friaul | Ottavio Bottecchia |
| Der MILCHBAUER aus Wilsele | Frans Verbeeck |
| Der MÜLLER von Pistoia | Loretto Petrucci |
| Der SCHLACHTER aus Sens | Lucien Pothier |
| Der SCHMIED aus Grisolle | Jean Dargassies |
| Der kleine SCHORNSTEINFEGER | Maurice Garin |
| Der UHRMACHER von Avila | Julio Jiménez |
| Der WINZER aus Cabasse | Jean Dotto |

## UNTER FALSCHEM NAMEN

**FRANK VANDENBROUCKE:** Nach seiner Entlassung beim Team Unibet startet »VDB« im Jahr 2006 in seiner Wahlheimat Italien unter falschem Namen bei Amateurrennen, um sich in Form zu bringen. »Francesco Del Ponte« steht in der Lizenz, die er vorlegt – die Babelfish-Übersetzung seines Namens ins Italienische. Das beigefügte Passbild indes zeigt einen ganz anderen der wenigen berühmten Belgier: den amtierenden Straßenweltmeister Tom Boonen.

**ERWIN BAKKER:** Eine zweijährige Sperre brummt die UCI dem niederländischen Mountainbike-Profi auf. Wegen Doping mit EPO und Testosteron. Doch Erwin juckt es frühzeitig wieder in den Beinen, er denkt sich: Fahr ich doch einfach mal ins Ausland und starte als mein Bruder Jarno. Warum nicht gleich um die Ecke beim Vulkan-Eifel-Marathon? Merkt ja doch keiner von den blöden »Moffen«. Und mein Hinterrad hält von denen auch keiner. Also fährt unser Freund aus Holland mal eben allen davon, klettert aufs Podium – und wird doch erkannt. Nun muss er sich etwas Besseres einfallen lassen gegen die Entzugserscheinungen. Die UCI hat ihn lebenslang gesperrt.

## WAHRE VIECHER

*Der Mythos, von dem der Straßenradsport viele Jahrzehnte zehren konnte, gründete auch darauf, dass die Fahrer in der »heroischen Epoche« ihres Berufsstandes tatsächlich noch die Zivilisation verließen, um auf Land- und Hochgebirgsstraßen der Natur und deren Gewalten zu trotzen. Kein Wunder, dass ihre Spitz- und Ehrennamen zumeist der Tierwelt entlehnt waren. Italiens Tifosi am Straßenrand und in den Redaktionsstuben halten bis heute daran fest.*

| **DAS TIER** | **DER RENNFAHRER** |
|---|---|
| Der Adler von Toledo | Federico Bahamontès |
| Der Adler von Hoogerheide | Harm Ottenbros |
| Der Adler von Vizille | Thierry Claveyrolat |
| Der schwarze Adler | Marcel Kint |
| Der Bär von der Weinstraße | Gregor Braun |
| Der Bär aus Beers | Theo Eltink |
| Die Bulldogge | Gaston Rebry |
| Die weiße Bulldogge | Maurice Garin |
| Der Büffel | J.E. Gutierrez,<br>Guido Bontempi |
| Der Bussard aus Bergamo | Felipe Gimondi |
| Chicken | Michael Rasmussen |
| Der Dachs | Bernard Hinault |
| Der Delphin von Bibbione | Franco Pellizotti |
| Elefantino | Marco Pantani |
| Das Eichhörnchen | Stefano Garzelli |
| Der Falke | Paolo Savoldelli |
| Der Floh | Rafael Diaz Justo |
| Der Floh aus Torrelavega | Vicente Trueba |
| Der Bergfloh | Karlheinz Kunde |
| Das Fohlen aus Kortezubi | Federico Etxabe |
| Der Frosch | Henri Breau |
| Die Gazelle aus Peyhorade | Jean-Baptiste Dortignacq |
| Die Gemse aus den Abruzzen | Vito Taccone |
| Der Gepard | Ivan Quaranta |
| Die Grille | Paolo Bettini |
| Der Hahn von Fougeres | Georges Groussard |
| Der Hai | Victor Hugo Peña |
| Der weiße Hai | Marius Sabaliauskas |
| Die Katze | Félix Rafael Cárdenas |
| Der Keiler aus El Bierzo | César García Calvo |
| Der kleine Kondor | Edgar Corredor |
| Der Löwe aus Flandern | Cyrille Van Hauwaert,<br>Fiorenzo Magni,<br>Johan Museeuw |

| DAS TIER | DER RENNFAHRER |
|---|---|
| Der Löwe aus Mugello | Gastone Nencini |
| Die Kobra | Ricardo Ricco |
| Le Loup | Rolf Wolfshohl |
| König der Löwen | Mario Cipollini |
| Die Maus | Benoit Fauré |
| Panda | Laurent Jalabert |
| Der Panther | Daniele Bennati |
| Das Pferd | Zenon Jaskula |
| Der Pitbull | Matthias Kessler |
| Der Puma | Angel Arroyo |
| Der Reiher | Fausto Coppi |
| Skippy | Phil Anderson |
| Der Skorpion | Richard Virenque |
| Der Stier aus dem Norden | Charles Crupelandt |
| Der Stier aus Flandern | Jef Demuysere |
| Der kleine Stier | José-Maria Jiménez |
| Das Zicklein | Jean Robic |

## RADSPORT-JARGON (2): FÜR ANGEBER

*Große Klappe gehört im Radsportgeschäft zum Handwerk:*

»Ein Berg...
...der an die Wand genagelt wurde.«
....von dem der Asphalt runterrutscht.«
....an dem man Bilder aufhängen kann.«

»Ein Wetter...,
bei dem die Flasche nie leer wird.«

»Die dicke Mühle auflegen«
»Die Fleischbremse ziehen«
»Die Kanone laden«
»Druck auf den Stäbchen/Hufen haben«
»Ein Eisentreter sein«
»An diesem Tag gut aussehen«
»Die Heldenkurbel«
»Kette rechts!«
»Die Stahlwade«
»Wie ein Moped fahren«
»Ordentlich Zug auf der Kette haben«

## RADSPORTLÄDEN IN DEUTSCHLAND

*Irgendwann wurde es schick, bei der Namensgebung seines Ladens ein wenig Fantasie und viel Spaß am Kalauer zu demonstrieren. Zig Friseurgeschäfte landauf, landab hießen fortan »Haarmonie«, und so manche Bäckerei nannte sich gar »Back dat«. Selbstverständlich machte dieser Trend auch vor Radsportläden nicht halt:*

| | |
|---|---|
| »BIKECOLOGY« | Berlin |
| »BLITZVENTIL« | Kassel |
| »CHAINREACTION« | Willich |
| »DRAHTESELKLINIK« | Gersfeld |
| »FAHRBAR« | Kaltenkirchen |
| »FAHRRADIES« | Achim |
| »FAHR´RAD LADEN TRETOBRATZE« | Essen |
| »FÜRST CLASS RADSPORTTECHNIK« | Oberwiehl |
| »MR. SPEICHE« | Biberach |
| »LANDRAD« | Thurnau |
| »PER PEDALE« | Frankfurt/M. |
| »QUO RADIS« | Berlin |
| »RAD AB« | Düsseldorf |
| »RÄDERWERK« | Hannover, Kreuzberg, Plön etc. |
| »RADHAUS« | Günzburg |
| »RADLAGER« | Fellbach, Köln |
| »RADL-BIMBO'S KOMPASSNADEL« | Rott am Lech |
| »RADSCHLAG« | Hamm |
| »RAD UND TAT« | Karlsruhe, Stuttgart |
| »SATTELFEST« | Bielefeld |
| »STAHLROSS« | Bonn |
| »TRET-LAGER« | Sachsenhagen, Neuwied |
| »TRETMÜHLE« | Biberach, Radebeul, Wissen |
| »VELOPHIL« | Berlin |

## DAS RADSPORT-DREAMTEAM

*Männer, die ihrer Bestimmung gefolgt sind:*

| | | |
|---|---|---|
| Guido BONTEMPI | ITA19600112 | *tolle Tempohärte* |
| Dimitri CHAMPION | FRA19830906 | *der geborene Siegfahrer* |
| Antonio DAL COL | ITA19320614 | *die Bergziege* |
| Peter HILL | GBR19450406 | *noch ein Kletterer* |
| Hans KNECHT | SWI19130629 | *Domestike par excellence* |
| Atle KVALSVOLL | NOR19640410 | *der erste Udo Bölts* |
| Geert OMLOOP | BEL19740212 | *für Het Volk* |
| Martin RITTSEL | SWE19710328 | *schraubt endlos am Rad* |
| Bob ROLL | USA19610707 | *der buchstäbliche Rolleur* |
| Richard SCHENKEL | GER | *Haxen wir Museeuw* |
| Marco VELO | ITA19740309 | *Materialwart h.c.* |
| Alois PFLEGER | AUT19651002 | *knetet die Kollegenbeine* |

## ALLERWERTEST

*Den einst allgegenwärtigen Rudi Altig darf der Radsportfan nicht nur wegen seiner gewieften Angriffslust und Zähigkeit im Rennsattel bis heute schätzen. Ganz ähnliche Qualitäten bewies der Sohn Mannheims, den sie wahlweise »Sacré Rudi« oder »Die rollende Apotheke« nannten, auch im Ziel, wenn er manch Interview mit Bonmots spickte, für die er sich an Erstübersetzungen gut abgehangener französischer Radsportweisheiten ins Pfälzer Idiom wagte. In deutschen Ohren klang das dann zumeist neu und oft genug ein wenig ungezogen. Mit der Provokation »Wir sind keine Sportler, wir sind Profis« hatte Altig die Schmunzler und Stirnrunzler ebenso auf seiner Seite wie mit dem Klassiker »Ein Radrennfahrer muss seinen Hintern besser pflegen als sein Gesicht«. Einfacher gesagt als getan. Denn soll der Allerwerteste auf Dauer schön geschmeidig und von den Ausläufern fieser Beulenpest verschont bleiben, müssen Radler bei der Materialauswahl größte Sorgfalt an den Tag legen. Dürfen wir den Herstellern von Radhosen halbwegs Glauben schenken, müssen wir auf eine Menge achten, wollen wir uns nicht bald auf vier Buchstaben namens »OUCH!« setzen:*

Antibakterielles, bioaktives,
ergonomisches, hydrophiles
und hypoallergenes Sitzpolster
aus Zig-Zag-Velours
mit Silberionen
und Active-Cushioning-Temperaturmanagement
mittels hitzeableitender Carbon-Fasern
und aus offenzelligem Zellschaum
mit stoßabsorbierender Funktion,
Ausparung im Dammbereich,
atmungsaktiver Perforierung im Schaum
und Polsterunterstützung durch
Schaum-Gel-Pads im Sitzknochenbereich
jeweils gemäß Elastic-Interface-
bzw. Fusion2-Technologie
und Oeko-Tex-100-Class-2-Standard.

Hose aus
Kinetic Lycra und Quadtex
mit Acht-Bahnen-Schnitt,
Flachnähten,
Mesh-Trägern,
Prosecco-Feuchtigkeitsregulation,
Toray-Fieldsensor,
Reflektoren,
Netzeinsätzen im Rückenteil
und gummiertem Beinabschluss
als Hot-Bond
mit Ultraschall-Schweißtechnik.

**KETTE RECHTS!**

## ERKLÄRUNGSVERSUCHE

*War die Dopingprobe unversehens doch einmal positiv, hatten Radprofis eine Menge mehr oder minder plausibler Erklärungen parat.*

**Adri van der Poel, 1983 - Strychnin.** »Ach, mein Schwiegervater, der Halunke. Liebt nur seine Brieftauben. Will, dass sie richtig schnell sind und jede Prüfung gewinnen. Dazu bringt er sie offenbar schon mal mit ein bisschen Gift auf Touren. Aber wie kann ich das denn ahnen? Ich schiebe also mächtig Hunger, zaubere mir flugs ein leckeres Taubenpastetchen, und jetzt hab ich den Salat. So ist das halt, wenn man am Ende der Nahrungskette steht.«

**Jeannie Longo, 1987 - Ephedrin.** »Als Sportlerin sollte man wohl einfach etwas vorsichtiger mit Reisemitbringseln hantieren. Das Aufputschmittel wird in diesem chinesischen Pflanzenerzeugnis gesteckt haben, das ich zuletzt als Badezusatz verwendet habe.«

**Andreas Kappes, 1997 - Amphetamine.** »Nur ein kleiner Faux-pas. Das waren eigentlich die Tabletten meiner schwangeren Frau. Nur dass meine Tochter die Appetitzügler leider versehentlich mit meinen Vitaminpillen vertauscht hat.«

**Christian Henn, 1999 - Testosteron.** »Wir wollten unbedingt ein Kind, klappte aber nicht. Da habe ich ein homöopathisches Hausmittel meiner Schwiegermutter genommen, ohne mich vorher zu vergewissern, ob es vielleicht auf der Liste steht.«

**Frank Vandenbroucke, 2002 - Morphine, Aranesp, in der Kälbermast eingesetztes Asthmamittel, das ganze Sortiment.** »Das Clenbuterol ist für meinen Hund.«

**Jan Ullrich, 2002 - Amphetamine.** »Schuld ist wieder mal dieses vermaledeite Knie. Sie haben ja keine Ahnung, was eine so lange, verletzungsbedingte Zwangspause für einen echten Vollblutprofi bedeutet. Aber Sie wissen ja, wie das heutzutage in der Disco ist. Irgendwer hat mir zwei Pillen zugesteckt, und ehe ich mich versah, hatte ich sie geschluckt.«

**Glberto Simoni, 2002 - Kokain.** 1. Versuch: »Kann schon sein. Ich war letztens beim Zahnarzt. Der wird mir Carbocain verabreicht haben.« 2.Versuch: »Ach, Koks wird heute in der Zahnmedizin gar nicht mehr verwendet? Nun ja, nur einen Tag später war ich mit frisch gerichtetem Gebiss bei meiner Tante zu Besuch. Und die ist nicht nur die Schwester von Francesco Moser, sondern lebt auch in Südamerika. Jetzt weiß ich, womit Señora ihren Tee gesüßt hat.« 3. Versuch: »Im Tee kann es nicht gewesen sein? Naja, die Gute hatte aus Kolumbien auch eine Tüte Bonbons mitgebracht. Waren richtig lecker. Da habe ich ordentlich zugelangt.«

**Mario De Clercq, 2003 - Besitz von Wachstumshormonen.** »Muss das sein, so eine Hausdurchsuchung? Okay, ihr habt da was gefunden – ein paar Mittel und eine Art Doping-Tagebuch. Aber das hatte ich doch nur zu Hause, weil ich ein Buch schreiben will. Alles nur zu Recherchezwecken, verstehen Sie? Deshalb habe ich auch den Kontakt zu Landuyt gesucht, diesem Viehdoktor.«

**Massimiliano Mori, 2003 - Versuchter Kontrollbetrug.** »Eine fürchterliche Verkettung unglücklicher Umstände. Ich kann einfach nicht pinkeln, wenn mir jemand zuschaut. Konnte ich noch nie. Da habe ich halt die Kontrolleure drum gebeten, kurz ins Badezimmer verschwinden zu dürfen. Und dass sie dort dann einen Becher mit Urin gefunden haben? Einfach nur Zufall. Di Francesci, unser Sportdirektor, hat da derzeit ein paar Zipperlein urologischer Natur und war gerade auf dem Sprung, um seine Probe zur Analyse ins Labor zu bringen.«

**Stefan Steinweg, 2003 - Wachstumshormone.** »Bei der Einreise nach Australien, als die Zöllner das Zeug in meinem Koffer gefunden haben, besaß ich doch gerade gar keine Lizenz. Also welcher Sportgerichtsbarkeit sollte ich zu diesem Zeitpunkt schon unterliegen?«

**Tyler Hamilton, 2004 - Fremdblutdoping.** »Rein körperlich bin ich ein Schizo. Die fremden Zellen in meinem Körper wurden gewiss von den Stammzellen meines Zwillingsbruders produziert, der aber leider schon vor der Geburt im Mutterleib gestorben ist. Wie schrecklich, dass ich so von seiner Existenz erfahren musste...«

**Dave Bruylandts, 2004 - EPO.** »Ich brauche kein EPO, ich hab doch zu Hause ein Sauerstoffzelt.«

**Geert Steurs, 2004 - Acetazolamide.** »Ich? Was Verbotenes geschluckt? Nie im Leben. Ach, höchstens bin ich aus Versehen mit einem Medikament in Berührung gekommen, das jemand vom Personal des Teams verschrieben bekommen hat. Die Nachweismethoden sind doch heute so empfindlich.«

**Dr. Eufemiano Fuentes, 2006 - Verabreichung von verbotenen Wachstumshormonen.** »Ich habe dieses Rezept in meiner Eigenschaft als Gynäkologe für meine Schwester Yolanda ausgestellt – als Behandlung gegen Unfruchtbarkeit. Der Fahrer Manzano war nur deshalb in Besitz des Rezeptes, weil er es meiner Schwester übergeben sollte, die seinerzeit auch als Ärztin für Kelme tätig war.«

**Floyd Landis, 2006 - Testosteron.** »Da verstehe noch einer die Chemie des menschlichen Körpers. Ein bisschen Frust, darauf ein Bier und ein Schluck Jack Daniels – schon spielt der Testosteronspiegel verrückt.«

**Ivonne Kraft, 2007 - Fenoterol.** »Ihr habt Spuren eines verbotenen Asthmamittels gefunden? Das wundert mich nicht. Meine Mutter kommt halt gern mit zum Rennen, und letztens in Heubach ist leider ihr Asthmaspray explodiert, als ich gerade ganz in der Nähe stand. Da muss ich die Substanz wohl eingeatmet haben.«

**Alexandre Vinokourov, 2007 - Fremdblutdoping.** »Idi k tschortu! Bei dieser verfluchten Tour kommt echt alles auf einmal. Erst der üble Sturz, und jetzt hat die Verletzung offenbar auch noch eine Embolie ausgelöst.«

## DAS WEISSE TRIKOT

*Seit 1975 führt die Direktion der Tour de France eine offizielle Nachwuchswertung, für die sie mittlerweile ein Weißes Trikot an den besten Jungprofi vergibt. Dieses trägt der bestplatzierte Fahrer in der Gesamtwertung, der im jeweiligen Jahr höchstens 25 Jahre alt wird.*

| Jahr | Fahrer | Team | Platz | Rückstand |
|---|---|---|---|---|
| 1975 | Francesco Moser (ITA) | Filotex | 7. | 24:13 Min. auf Thévenet |
| 1976 | Enrique Martinez-Heredia (ESP) | Kas-Campagnolo | 23. | 44:50 Min. auf Van Impe |
| 1977 | Dietrich Thurau (GER) | TI-Raleigh | 5. | 12:24 Min. auf Thévenet |
| 1978 | Henk Lubberding (NED) | TI-Raleigh | 8. | 17:26 Min. auf Hinault |
| 1979 | Jean-René Bernaudeau (FRA) | Renault | 5. | 32:43 Min. auf Hinault |
| 1980 | Johan van der Velde (NED) | TI-Raleigh | 12. | 25:28 Min. auf Zoetemelk |
| 1981 | Peter Winnen (NED) | Capri-Sonne | 5. | 20:26 Min. auf Hinault |
| 1982 | Phil Anderson (AUS) | Peugeot | 5. | 12:16 Min. auf Hinault |
| 1983 | Laurent Fignon (FRA) | Renault | 1. | 4:04 Min. vor Arroyo |
| 1984 | Greg LeMond (USA) | Renault | 3. | 11:46 Min. auf Fignon |
| 1985 | Fabio Parra (COL) | Café de Colombia | 8. | 13:35 Min. auf Hinault |
| 1986 | Andrew Hampsten (USA) | La Vie Claire | 4. | 18:44 Min. auf LeMond |
| 1987 | Raúl Alcalá (MEX) | 7-Eleven | 9. | 21:49 Min. auf Roche |
| 1988 | Erik Breukink (NED) | Panasonic | 12. | 23:06 Min. auf Delgado |
| 1989 | Fabrice Philipot (FRA) | Toshiba | 24. | 44:43 Min. auf LeMond |
| 1990 | Gilles Delion (FRA) | Helvetia | 15. | 16:15 Min. auf LeMond |
| 1991 | Álvaro Mejía (COL) | Ryalco | 19. | 33:52 Min. auf Indurain |
| 1992 | Eddy Bouwmans (NED) | Panasonic | 14. | 28:35 Min. auf Indurain |
| 1993 | Antonio Martín Velasco (ESP) | Amaya Seguros | 12. | 29:51 Min. auf Indurain |
| 1994 | Marco Pantani (ITA) | Carrera | 3. | 7:19 Min. auf Indurain |
| 1995 | Marco Pantani (ITA) | Carrera | 13. | 26:20 Min. auf Indurain |
| 1996 | Jan Ullrich (GER) | Deutsche Telekom | 2. | 1:41 Min. auf Riis |
| 1997 | Jan Ullrich (GER) | Deutsche Telekom | 1. | 9:09 Min. vor Virenque |
| 1998 | Jan Ullrich (GER) | Deutsche Telekom | 2. | 3:21 Min. auf Pantani |
| 1999 | Benoît Salmon (FRA) | Casino | 16. | 28:59 Min. auf Armstrong |
| 2000 | Francisco Mancebo (ESP) | Banesto | 9. | 18:09 Min. auf Armstrong |
| 2001 | Oscar Sevilla (ESP) | Kelme | 7. | 18:30 Min. auf Armstrong |
| 2002 | Ivan Basso (ITA) | Fassa Bortolo | 11. | 19:18 Min. auf Armstrong |
| 2003 | Denis Menchov (RUS) | iBanesto.com | 11. | 19:44 Min. auf Armstrong |
| 2004 | Vladimir Karpets (RUS) | Illes Balears | 13. | 25:11 Min. auf Armstrong |
| 2005 | Yaroslav Popovych (UKR) | Discovery Channel | 12. | 19:02 Min. auf Armstrong |
| 2006 | Damiano Cunego (ITA) | Lampre-Fondital | 12. | 19:19 Min. auf *Landis* |
| 2007 | Alberto Contador (ESP) | Discovery Channel | 1. | 0:23 Min. vor Evans |
| 2008 | Andy Schleck (LUX) | Team CSC Saxo Bank | 12. | 11:32 Min. auf Sastre |

<u>Die Länderwertung:</u>

1. ITALIEN, SPANIEN, NIEDERLANDE jeweils 5 / 4. DEUTSCHLAND, FRANKREICH jeweils 4
6. USA, KOLUMBIEN, RUSSLAND jeweils 2 / 9. AUSTRALIEN, UKRAINE, LUXEMBURG jeweils 1

## DAS GRAUE TRIKOT

*Hätte die Direktion der Tour de France im selben Zeitraum auch eine offizielle Rentnerwertung geführt und ein Graues Trikot an den bestplatzierten Fahrer in der Gesamtwertung vergeben, der im jeweiligen Jahr mindestens 35 geworden ist, sehe die Siegerliste wie folgt aus:*

| Jahr | Fahrer | geboren | Team | Platz | Rückstand |
|---|---|---|---|---|---|
| 1975 | Raymond Poulidor (FRA) | 04/1936 | Gan | 19. | 58:57 Min. |
| 1976 | Raymond Poulidor (FRA) | 04/1936 | Gan | 3. | 12:08 Min. |
| 1977 | Vicente Lopez Carril (ESP) | 12/1942 | Kas | 23. | 52:46 Min. |
| 1978 | Joaquim Agostinho (POR) | 04/1943 | Velda | 3. | 7:04 Min. |
| 1979 | Joaquim Agostinho (POR) | 04/1943 | Flandria | 3. | 26:53 Min. |
| 1980 | Joaquim Agostinho (POR) | 04/1943 | Puch | 5. | 15:37 Min. |
| 1981 | Lucien Van Impe (BEL) | 10/1946 | Boston | 2. | 14:34 Min. |
| 1982 | Joop Zoetemelk (NED) | 12/1946 | Coop | 2. | 6:21 Min. |
| 1983 | Lucien Van Impe (BEL) | 10/1946 | Metauromobili | 4. | 4:18 Min. |
| 1984 | Joop Zoetemelk (NED) | 12/1946 | Kwantum | 30. | 1:06:02 h |
| 1985 | Joop Zoetemelk (NED) | 12/1946 | Kwantum | 12. | 15:24 Min. |
| 1986 | Joop Zoetemelk (NED) | 12/1946 | Kwantum | 24. | 57:04 Min. |
| 1987 | Gerrie Knetemann (NED) | 03/1951 | PDM | 89. | 2:43:07 h |
| 1988 | Patrocinio Jimenez (COL) | 01/1952 | Café de Columbia | 51. | 1:09:55 h |
| 1989 | Helmut Wechselberger (AUT) | 02/1953 | Paternina-Caja Rural | 42. | 1:21:11 h |
| 1990 | Gilbert Duclos-Lassalle (FRA) | 08/1954 | Z | 65. | 1:22:34 h |
| 1991 | Pascal Simon (FRA) | 09/1956 | Castorama | 57. | 1:22:17 h |
| 1992 | Sean Kelly (IRE) | 05/1956 | Lotus | 43. | 1:21:37 h |
| 1993 | Robert Millar (GBR) | 09/1958 | TVM | 24. | 44:20 Min. |
| 1994 | Franco Chioccioli (ITA) | 08/1959 | Mercatone Uno | 42. | 1:26:52 h |
| 1995 | Arsenio González (ESP) | 03/1960 | Mapei | 23. | 56:18 Min. |
| 1996 | Piotr Ugrumov (LAT) | 01/1961 | Roslotto | 7. | 10:04 Min. |
| 1997 | Massimo Podenzana (ITA) | 07/1961 | Mercatone Uno | 24. | 1:20:56 h |
| 1998 | Thierry Bourguignon (FRA) | 12/1962 | Big Mat | 26. | 43:53 Min. |
| 1999 | Alberto Elli (ITA) | 03/1964 | Deutsche Telekom | 17. | 33:39 Min. |
| 2000 | Jens Heppner (GER) | 12/1964 | Deutsche Telekom | 40. | 1:29:51 h |
| 2001 | Udo Bölts (GER) | 08/1966 | Deutsche Telekom | 51. | 1:34:10 h |
| 2002 | Massimiliano Lelli (ITA) | 12/1967 | Cofidis | 14. | 27:51 Min. |
| 2003 | Massimiliano Lelli (ITA) | 12/1967 | Cofidis | 15. | 24:00 Min. |
| 2004 | Richard Virenque (FRA) | 11/1969 | Quick Step | 15. | 28:11 Min. |
| 2005 | Giuseppe Guerini (ITA) | 02/1970 | T-Mobile | 20. | 33:02 Min. |
| 2006 | Christophe Moreau (FRA) | 04/1971 | AG2R | 8. | 9:37 Min. |
| 2007 | Michael Boogerd (NED) | 05/1972 | Rabobank | 12. | 21:15 Min. |
| 2008 | Stéphane Goubert (FRA) | 03/1970 | AG2R | 21. | 31:50 Min. |

Zu den ältesten Tour-»Finishern« gehörten in diesen Jahren u.a.: Joaquim Agostinho 1983 (11. mit 40 Jahren), Viatcheslav Jekimov 2006 (84. mit 40), Jan van Houwelingen 1985 (104. mit 39), Hennie Kuiper 1988 (95. mit 39 Jahren), Barry Hoban 1978 (65. mit 38) und Iñigo Cuesta 2007 (51. mit 38).

## EIN BISSCHEN ONOMASTIK

*Warum Radsportfirmen so heißen, wie sie eben heißen:*

### CANNONDALE

Cannondale war der Name einer ziemlich verfallenen Bahnstation in Sichtweite des ersten Unternehmenssitzes. Gründer Joe Montgomery sah das Stationsschild beim Einzug in die neuen Firmenräume seiner Fabrik für Kinderanhänger.

### KOGA

Der Name der ursprünglich als Komponentenhersteller gegründeten niederländischen Fahrradfabrik steht für Gaastra & Kowalik. Das Unternehmen wurde 1974 von Andries Gaastra ins Leben gerufen, dessen polnische Frau mit Mädchennamen Kowalik heißt (und dessen Vater in Friesland bereits die Traditionsmarke Batavus aufgebaut hatte).

### KTM

KTM stand eine Zeit lang noch für Kronreif & Trunkenpolz Mattighofen, später für Krafträder Trunkenpolz Mattighofen. 1934 wurde das Unternehmen als Schlosserwerkstatt von einem Hans Trunkenpolz im österreichischen Mattighofen gegründet, 1955 stieg der Ingenieur Ernst Kronreif als Kompagnon ein, verstarb jedoch schon sieben Jahre später.

### RIDLEY

Eine zutiefst belgische Firma mit einem ziemlich amerikanischen Namen. Gründer Joachim Aerts benannte sein Unternehmen nach Ridley Scott, dem Regisseur von »Alien«, »Blade Runner« und »Gladiator«, weil er fand, dass der Name zum einen einfach gut klang und seinem Unternehmen zudem angesichts der Vielzahl von Konkurrenten im eigenen Land auch einen internationalen Anstrich verpassen würde.

### BRENNABOR

Mit dem Namen Brennabor verbindet sich bemerkenswerte Industriegeschichte der Stadt Brandenburg an der Havel. Aus einer einfachen Korbmacherei wurde dank des unternehmerischen Geschicks der Gebrüder Reichstein ab 1871 eine der bedeutendsten und größten Firmen der Region. Den Markennamen Brennabor verpasste die Unternehmerfamilie im Jahre 1892 zunächst ihrer neuen Fahrradproduktion, die sie anlässlich der ersten nationalen Fahrrad-Ausstellung in Leipzig aufnahm. Damals galt Brennabor noch als der frühere Name der Stadt Brandenburg zur Slawenzeit. Als der Stadthistoriker Otto Tschirch diesen Irrtum zehn Jahre später aufklärte, war der Markenname längst etabliert.

### DIAMANT

Angesichts des großen Erfolgs der Fahrräder aus Chemnitz benannte sich die Gebrüder Nevoigt AG Reichenbrand im Jahr 1912 um und hieß nun Diamant-Werke AG – nach dem ersten Fahrrad, das sie 1895 gebaut hatte. Auch hier stand der Irrtum Pate. Die bis heute gängige Bezeichnung »Diamantrahmen« für klassische Herrenrahmen ging auf eine Fehlübersetzung des englischen Begriffs »Diamond« zurück. Gemeint war eigentlich die Raute.

WILIER

Der Firmenname der Triestiner Rennradschmiede steht für »Viva Italia LIberia E Redenta« – »Lang lebe das befreite und erlöste Italien«.

ISAAC

Als ISAAC im Jahr 2001 als Hersteller von Karbongabeln und -komponenten gegründet wurde und mit der Entwicklung des ersten Monocoque-Rahmens aus diesem Werkstoff begann, musste als Namensgeber ein Mann herhalten, der Generationen zuvor Bahnbrechendes auf dem Gebiet der Physik geleistet hatte: Sir Isaac Newton.

PRINCIPIA

Auch die Dänen von Principia hielten sich bei der Namenswahl an den alten Newton beziehungsweise an dessen »Philosophiae Naturalis Principia Mathematica«. Bis heute ist ein Zitat des englischen Alchemisten, Astronomen, Mathematikers, Philiosophen, Physikers und Verwaltungsbeamten das Firmenmotto des Fahrradherstellers: »Truth is ever to be found in simplicity, and not in the multiplicity and confusion of things.«

VINER

Die weiterhin im Familienbesitz befindliche italienische Rennradfabrik wurde im Jahr 1947 von VIviano NERosi gegründet.

MOTOBÉCANE

Der Name des Mitte der zwanziger Jahre gegründeten und 1984 aufgelösten französischen Zweiradherstellers bedeutet übersetzt so viel wie »Motordrahtesel«.

RALEIGH

Frank Bowden, Erfinder des nach ihm benannten Bowdenzugs, taufte seine 1887 in Nottingham gegründete Fahrradfirma nach der Straße, in der sie ansässig war. Die Raleigh Street ihrerseits ehrte den englischen Seefahrer Sir Walter Raleigh.

## SCHÜRMANN-BAHNEN

*Weit über hundert Radrennbahnen hat das von dem ehemaligen Bahnfahrer Clemens Schürmann in Münster gegründete, später von Sohn Herbert und Enkel Ralph weitergeführte Architekturunternehmen seit 1926 in aller Welt errichtet:*

| | | | |
|---|---|---|---|
| Deutschland 52 | Spanien 4 | USA 2 | Panama 1 |
| Frankreich 9 | Australien 3 | Argentinien 1 | Polen 1 |
| Italien 6 | Belgien 3 | Guatemala 1 | Slowenien 1 |
| Dänemark 5 | Großbritannien 2 | Kolumbien 1 | Südkorea 1 |
| Niederlande 4 | Mexiko 2 | Malaysia 1 | Tschechien 1 |
| Österreich 4 | Neuseeland 2 | Nigeria 1 | V.R. China 1 |
| Schweiz 4 | Saudiarabien 2 | Norwegen 1 | |

## MAN SPRICHT PLATT BEI DER RTF

| | | |
|---|---|---|
| Achter De Dieken | MTV Aurich von 1862 e.V. | »Hinter'm Deich« |
| Dumeklemmer-Klassiker | RSV Düsseldorf-Rath/Ratingen | Seit Jahrhunderten haben die Ratinger den Spitznamen »Dumeklemmer« (Daumenklemmer). Angeblich haben sie dem Heiligen Suitbertus einmal den Daumen im Stadttor eingeklemmt, als dieser sie missionieren wollte. |
| Emspünten-Tour | RSF Greven 1985 e.V. | typische Bootsart der Ems mit abgeflachtem Bug und steilen Seitenwänden |
| Essner Hömma RTF | RV Sturmvogel Essen 1919 | »Hör mal« im Ruhrpott-Idiom |
| Hülser Breetlooks RTF | Hülser SV Krefeld | »Suppengrün« / lokaler Karnevalsruf |
| Käpp vam Müöllenkoatten | RSC Schwelm | Unter diesem Titel veröffentlichte der 1883 in Möllenkotten nahe Schwelm geborene Heimatdichter Wilhelm Heute seine »Lebens-, Liebes- und Leidensgeschichte«. |
| Kiepenkerl-Radtourenfahrt | RSV Münster v. 1895 e.V. | eine münsterländische Bezeichnung für Händler, die in früherer Zeit mit »Kiepe« (Korb) übers Land fuhren |
| Linneser Backschießer RTF | RV 1904/27 Gießen-Kleinlinden | scherzhafter Name für die Einwohner von Linden |
| Tour de Oppers | Seifhennersdorfer SV e.V. | Kurzform für den Ort Oppach und das von dort stammende Mineralwasser |
| Övert Platte Land | RSF Bochum e.V. | »Über's flache Land« |
| Radz fatz door de molenkring | VfB Fabbenstedt | »Auf die Schnelle durch den Mühlenkreis« |
| Rheiner Emsköppken-Tour | RSC Rheine 1970 e.V. | augenzwinkernde Selbsteinschätzung der Rheinenser |
| Schlappeflicker-Radmarathon | 1. RSV Pirmasens 1925 e.V. | scherzhafte Bezeichnung für Hinterpfälzer |
| Uhlenköperrundfahrt | Post SV Uelzen e.V. | Die seit Mitte des 19. Jhdts. bekannte »Uhlenköper«-Sage erzählt von einem Uelzener Kaufmann, dem ein gewiefter Bauer Eulen als Birkhähne andrehte. |
| Vlothoer Minske-RTF | RG Vlotho e.V. | Plattdeutsch für »Mensch« |

## DIE VIELEN TEAMS DES FRANK VANDENBROUCKE

1993–04/1995: Lotto-Caloi ¤ 04/1995–1998: Mapei ¤ 1999–2000: Cofidis ¤ 2001: Lampre-Daikin ¤ 2002: Domo-Farm Frites ¤ 2003: Quick Step-Davitamon ¤ 01/2004–08/2004: Fassa Bortolo ¤ 09/2004–12/2004: MrBookmaker.com-Palmans ¤ 01/2006–07/2006: Unibet.com ¤ 12/2006–2007: Acqua & Sapone-Caffè Mokambo ¤ 01/2008–04/2008: Mitsubishi-Jartazi

## DIE BESTEN TOURISTEN

*Von 1909 bis weit in die 1930er Jahre hinein stand die Teilnahme an der Tour de France auch Einzelstartern offen – sofern sich diese selbst um Unterkunft und Verpflegung kümmerten. So machte sich also Jahr für Jahr eine ganze Reihe mehr oder minder starker Fahrer, die keine Aufnahme in einer Nationalmannschaft oder einem Werksteam gefunden hatten, als »Isolierte« oder »Touriste-Routiers« auf die Runde durch Frankreich. Oft fanden sich durchaus berühmte Namen wie Sylvère Maes, Vicente Trueba oder Benoit Fauré in den Reihen der Unabhängigen. Und auch wenn sie unterwegs keine Hilfe annehmen durften, hielten manche Einzelstarter erstaunlich gut mit den Kapitänen der arrivierten Mannschaften mit. Die Sieger der Touristen-Wertung mit ihrer Platzierung im Gesamtklassement und ihrem Rückstand auf den Gesamtsieger der Tour:*

| | | | |
|---|---|---|---|
| 1909 | Ernest Paul (FRA) | 6. | 58 Punkte hinter François Faber |
| 1910 | Charles Cruchon (FRA) | 5. | 256 Punkte hinter Octave Lapize |
| 1911 | Paul Deman (BEL) | 13. | 155 Punkte hinter Gustave Garrigou |
| 1912 | Jules Deloffre (FRA) | 21. | 271 Punkte hinter Odile Defraye |
| 1913 | Camillo Bertarelli (ITA) | 8. | 16h 21' 38'' auf Philippe Thys |
| 1914 | Camille Botte (ITA) | 6. | 10h 14' 33'' auf Philippe Thys |
| 1919 | Jules Nempon (FRA) | 11. | 21h 24' 12'' auf Firmin Lambot |
| 1920 | José Pelletier (FRA) | 12. | 23h 09' 32'' auf Philippe Thys |
| 1921 | Victor Leenaerts (BEL) | 6. | 4h 53' 29'' auf Leon Scieur |
| 1922 | José Pelletier (FRA) | 15. | 5h 53' 29'' auf Firmin Lambot |
| 1923 | Ottavio Pratesi (ITA) | 12. | 3h 35' 06'' auf Henri Pelissier |
| 1924 | Ottavio Pratesi (ITA) | 19. | 6h 00' 00'' auf Ottavio Bottecchia |
| 1925 | Leon Despontin (BEL) | 16. | 5h 18' 07'' auf Ottavio Bottecchia |
| 1926 | Giovanni Rossignoli (ITA) | 21. | 10h 23' 20'' auf Lucien Buysse |
| 1927 | Secondo Martinetto (ITA) | 18. | 14h 37' 12'' auf Nicolas Frantz |
| 1928 | *kein »Tourist« klassiert* | | |
| 1929 | Benoît Fauré (FRA) | 15. | 3h 33' 28'' auf Maurice Dewaele |
| 1930 | Benoît Fauré (FRA) | 8. | 58' 34'' auf André Leducq |
| 1931 | Max Bulla (AUT) | 15. | 1h 51' 32'' auf Antonin Magne |
| 1932 | Luigi Barral (ITA) | 9. | 1h 06' 57'' auf André Leducq |
| 1933 | Giuseppe Martano (ITA) | 3. | 5' 01'' auf Georges Speicher |
| 1934 | Felicien Vervaecke (BEL) | 4. | 57' 40'' auf Antonin Magne |
| 1935 | Ambrogio Morelli (ITA) | 2. | 17' 52'' auf Romain Maes |
| 1936 | Leon Level (FRA) | 10. | 1h 27'' 57'' auf Sylvère Maes |
| 1937 | Mario Vicini (ITA) | 2. | 7' 17'' auf Roger Lapébie |

## DIE GRÖSSTEN SPIELER

*Zwei Rennfahrer haben noch in der Nacht nach dem Erfolg*
*bei einem großen Radrennen ihre gesamte Siegprämie wieder verzockt:*

Louis TROUSSELIER (FRA) - Tour de France 1905
Odile DEFRAYE (BEL) - Mailand–San Remo 1913

## RADSPORT IM DOKUMENTARFILM

**POUR UN MAILLOT JAUNE** FRA, 1965 Regie: Claude Lelouch

30-minütiger Kurzfilm mit beeindruckenden Aufnahmen von Bergetappen und unterhaltsamen Episoden vom Massagetisch. Ohne Kommentar – die Bilder sollen für sich sprechen. Und das tun sie auch.

**VIVE LE TOUR** FRA, 1972 Louis Malle

Ganze 18 Minuten, die sich absolut lohnen. Der »Fahrstuhl zum Schafott«-Regisseur wirft einen humorvollen Blick auf die Tour de France 1972.

**THE IMPOSSIBLE HOUR** DEN, 1974 Jørgen Leth

Dänen in der Höhenluft von Mexico City. Jørgen Leth, heute Regiepartner von Lars von Trier, filmt Ole Ritters Angriff auf den Stundenweltrekord von Eddy Merckx. 48 Minuten.

**STARS & WATERCARRIERS** DEN, 1975 Jørgen Leth

Leths zweiter Streich: 90-minütiger Film über die Italien-Rundfahrt 1973, bei der sich Eddy Merckx der Angriffe von Gimondi und Basso, Battaglin und Fuentes erwehren muss.

**A SUNDAY IN HELL** DEN, 1976 Jørgen Leth

Leth, zum Dritten. Diese Dokumentation über den Eintagesklassiker Paris–Roubaix gilt vielen als d a s Meisterwerk des Genres.

**MÄNNER AUF RÄDERN** GER, 1993 Thomas Carlé

Noch ein Meisterwerk. Hobbyszene statt Profizirkus. Völlig zurecht 1994 mit dem Grimme-Preis ausgezeichnet. Die Begründung der Jury: »Welch ein Sujet: die Radfahrerleidenschaft von Männern, vorzugsweise in der Mitte des Lebens. Ein bisschen Krise, ein bisschen Langeweile – und dann die Vision, auf den eleganten Stahlrahmen mit den edlen Zutaten aus dem juweliergleichen Bike-Laden der Alltäglichkeit davonzufahren. Was andere zu platten sozio-psychologischen Studien verleitet hätte, hat Carle zu einem virtuosen Kabinettstückchen verlockt. Mit bewundernswerter Leichtigkeit, mit Ironie (die mehr als nur einen Hauch liebevoller Anteilnahme nicht ganz verdecken kann), mit Witz und Einfallsreichtum erfindet und erzählt er eine individuelle Geschichte der Radler-Sucht, der die Frauen nur entfliehen können.«

**SOMETHING TO AIM AT** GBR, 1995 Ray Pascoe

Die Hommage eines Fans an Tom Simpson. Herzblut macht den einen oder anderen filmtechnischen Schnitzer mehr als wett.

**EINE ITALIENISCHE GESCHICHTE** FRA/ITA/SWI, 1996 Jean-Christophe Rosé

Fans und Sporthistoriker schwelgen zu großartigen Archivbildern in Erinnerungen an Coppi.

**ABENTEUER TOUR DE FRANCE** FRA, 2001 Jean-Christophe Rosé

Mehrfach auf Arte wiederholte Doku über die Erlebnisse des Teams Cofidis bei der Tour 2000 ließ erahnen, was für ein verrückter Haufen sich unter dem Diktat von Frank Vandenbroucke zusammengerottet hatte. David Millar mimt den Sympathieträger.

**TOUR DES LÉGENDES** NED, 2003 Erik van Empel

Niederländischer Filmemacher besucht Protagonisten und Zeitzeugen der Tour de France '48.

**FERDY »NATIONAL« KÜBLER** SWI, 2003 A. Cuneo, B. Duboux

Ein 49-minütiges Porträt, das von der Vitalität des zu diesem Zeitpunkt bereits 83-jährigen Protagonisten lebt.

**INSIDE BIANCHI** 2003 Eurosport

Einstündige Hinter-den-Kulissen-Reportage. Kaum »Ulle«, aber Guidi beweist Schauspieltalent.

**SENEGAL SURPLACE** NED, 2003 John Appel

Niederländische TV-Dokumentation über die Senegal-Rundfahrt. Peter Winnen kommentiert.

**HÖLLENTOUR** GER, 2004 Pepe Danquart

Der Kurzfilm-Oscar-Gewinner begleitet das Telekom-Duo Erik Zabel und Rolf Aldag bei der Tour.

**WIRED TO WIN** USA, 2005 Bayley Silleck

Für IMAX-Kinos gedrehter Film über Leben und Leiden der beiden FDJeux-Sprinter Cooke and Caspar bei der Tour 2003. Und ein Lehrstück darüber, wie man sich bei jedem Anstieg von den Kommissären unbemerkt ans Teamfahrzeug hängen kann.

**OVERCOMING** DEN, 2005 Tómas Gislason

Das Team CSC bei der Arbeit. Riis in der Hauptrolle. Untertitel: »Wahnsinn Tour de France«.

**BOTTECCHIA, L'ULTIMA PEDALATA** ITA, 2008 Gloria de Antoni

Eine Doku über das kurze Leben des Ottavio Bottecchia, des ersten italienischen Tour-Siegers, der 1927 mit gerade einmal 33 Jahren auf mysteriöse Weise ums Leben kam.

**ROAD TO ROUBAIX** USA, 2008 David Deal, Dave Cooper

Nette aktuelle Rennszenen und heftige Archivbilder, die durchaus etwas von dem bizarren Spektakel rüberbringen, das dieses Rennen vor Ort ausmacht. Leider richtet sich der Kommentar an das breite amerikanische Publikum. Ton also besser ausdrehen.

**SPORTSFREUND LÖTZSCH** GER, 2008 S. Prechtel, S. Hilpert

Die Geschichte des Ausnahmetalents, das sich nicht unterordnen will und bald allein gegen die mächtige Staatssicherheit fährt. Nicht nur wegen des Dachbodenfunds mit Archivbildern von DDR-Jugendrennen und der entlarvenden Rechtfertigungsversuche einstiger Stasi-Majore absolut sehenswert.

## DIE AUFTRITTE DES MARIO C.

*Nicht nur mit jahrelang nahezu konkurrenzlosen Qualitäten im »Sprint royal«, sondern auch mit einem extravaganten Modegeschmack und ebensolchen Auftritten hat sich der Italiener Mario Cipollini seine Ehrennamen »Super-Mario« und »König der Löwen« redlich verdient.*

| | |
|---|---|
| »CALIMERO« WM 1995 | Noch ganz unschuldig als Mitglied des italienischen Straßenvierers. |
| »GANZ IN GELB« Tour de France 1997 | Cipollini provoziert erstmals auf prominenter Bühne eine Strafe wegen Verstoßes gegen die UCI-Kleiderordnung. |
| »RADSPORT-RONALDO« Giro 1998 | Im Trikot von Inter Mailand auf dem Podium. |
| »VENI, VIDI, VICI« Tour de France 1999 | Um den Geburtstag von Julius Caesar und den Rekord von vier Etappensiegen in Serie zu feiern, verkleidete sich das Saeco-Team am Ruhetag als Römer – »Cipo« natürlich als Imperator höchstselbst. |
| »MUSKEL-ANZUG« Giro 2001 | Ein »gehäuteter« Cipollini rollt zum Prolog. |
| »TIGER« Giro 2002 | Ein bemerkenswerter modischer Gegenpol zum Teamdress von Aqua e Sapone, das eigentlich im Zebra-Design gehalten ist. |
| »ZEBRA REITET KAMEL« Februar 2003 | Pressetermin beim Trainingslager in Sharm el Sheik. |
| »TECHNO-SKINSUIT« Tour de France 2004 | Als Hommage an den Spielfilm »Tron« von 1992, der als Meilenstein der Computeranimation gilt. |
| »PAULCHEN PANTHER« Giro 2005 | Zum Prologzeitfahren erscheint Cipollini in einem rosaroten Einteiler, auf dem in glitzerndem Silber seine Blutbahnen nachgezeichnet sind. Der Schriftzug »Sweet years« prangt ebenso auf dem Dress wie die Daten aller 42 Etappensiege, die er bei seiner heimischen Landesrundfahrt insgesamt errungen hat. Understatement sieht anders aus... |

## VON ULLE-VIREN UND »PROFIHACKERN«

Anfang August 2007 verschickte ein unbekannter Hacker massenweise E-Mails, die unbedarfte und vor allem radsportinteressierte Empfänger mit angeblichen Beweisen zum Dopingfall Jan Ullrich dazu verlocken wollten, einen eingebetteten Link auf www.schuetze-deine-daten.de anzuklicken. Wer Folge leistete, wird die ganze unselige Fuentes-Affäre mehr denn je verflucht haben – hinter dem Link verbarg sich eine ausführbare exe-Datei, die jeden Rechner umgehend lahmlegte. Im Vergleich zu den meisten Viren-Mails kam diese Attacke in einem durchaus seriösen Gewand daher. Lediglich das fehlende »l« beim Delinquenten »Ulrich« hätte zu denken geben können. Der genaue Wortlaut des Köders:

*Liebe Radsportfreunde,*
*jetzt ist es tatsächlich so weit: Neue Beweise im Fall J. Ulrich. Die bisher unveröffentlichten Beweismittel (DNA-Proben, Überwachungsvideos etc.) ermöglichen eine ganz neue Sicht auf die Dopingvorwürfe gegen das Radidol. Dem Informationsportal schuetze-deine-daten liegen die Beweise vor, und da auch in unserer Redaktion zahlreiche Radsportfans vertreten sind, haben wir uns entschieden, die Beweise auch anderen Interessenten zugänglich zu machen.*
*Machen Sie sich selbst ein Bild, die Beweissammlung ist abrufbar unter*
*http://www.schuetze-deine-daten.de/beweise_ulrich.exe*
*Sportliche Grüße,*
*Administrator - Aktion schuetze-deine-daten.de*

Der bis dato siebenfache Tour-de-France-Sieger Lance Armstrong, bekanntermaßen ein überzeugter Technik-Afficionado, der niemals ohne Blackberry das Haus verlässt, wurde im Jahr 2006 gleich mehrfach verdächtigt, unerlaubt in andere Computersysteme eingedrungen zu sein. Die Zeitung *Le Monde* meldete, der Amerikaner stehe hinter einem Hacker-Angriff auf ein französisches Antidoping-Labor in Chatenay-Malabry. Armstrong habe gefälschte E-Mails verschickt, um das Ansehen des Instituts nachhaltig zu schädigen und seinen Freund Floyd Landis vom Dopingverdacht reinzuwaschen. Auch Betsy Andreu, Ehefrau von Armstrongs ehemaligem Teamkollegen Frankie Andreu, bezichtigte den Amerikaner dubioser Attacken auf die Computer ihrer Familie sowie seiner Ex-Frau Kristin. Armstrong reagierte pikiert auf die Vorwürfe: »Wenn man denkt, dass man schon alles gehört hat, geht es anscheinend doch noch immer eine Stufe drüber. Was kommt als Nächstes? Dass sich die Massenvernichtungswaffen von Saddam Hussein auf meinem Anwesen in Texas befinden?«

Zahlreiche Radrennställe – darunter die deutschen Teams Milram und Gerolsteiner – erhielten Anfang des Jahres 2008 eine bemerkenswerte E-Mail von der südspanischen Universidad de Extremadura. Das Angebot des dortigen Labors: Durch Urin-Analysen würde man ein komplettes Steroid-Profil von Radprofis erstellen, sodass diese sich systematisch an Grenzwerte herandopen könnten. Kostenpunkt: 50 Euro pro Fahrer und Test.

## SCHÖNE GRÜSSE VOM VEREIN

*Typische Namen deutscher Radsportvereine, die ihren Fahrern und deren Kontrahenten nur das Allerbeste wünschen. Eine Auswahl:*

Radfahrverein »All Heil« Beckum 1897/1919 e.V — RV »All Heil« Werxhausen
Radfahrer-Club »All Heil« Lostau von 1902 e.V. — RSV »All Heil« Reichenbach
Radfahrerverein »All Heil 1903« Großheubach — RV »All Heil« Bobenheim-Roxheim
RSV »All Heil« Veert 1900 e.V. — RV All Heil 1903 Bolanden
RV Einigkeit Treysa — Radlerclub »Einigkeit« Othfresen
RSV Fahr Wohl Schweina e.V. — RV »Fahr Wohl« Warfleth
RV »Fahr-Wohl« Achim v. 1898 e.V. — RV Fahr-Wohl 1906 Hoch-Weisel
RV »Freie Bahn« Oberaussem — RV »Freie Bahn« Lohnde v. 1907
RV Frei Weg Serrig 05 — RV Frei-Weg Bederkesa-Meckelstedt
RRV Frisch-Auf Dornheim — RSV 1912 Frisch-Auf Weiterode
RSV Frisch Auf Hardt — Radfahrerverein »Frisch-Auf« Wallinghausen e.V.
R.V. »Gut Rast« Oker v. 1908 — RV Kehrwieder Dinklar
RV Schwabengruß Nufringen — Radfahrklub Solidarität 1895 Gera e.V.
RV Vorwärts 1923 Biblis — RV Vorwärts 1898 Anspach

*Und zwei weniger häufige Vereinsnamen, die hoffentlich nicht als Verwünschung, Fluch oder Voodoo zu verstehen sind:*

Berliner RC Defekt 1902 e.V. — RSV Panne Bracht 1979 e.V.

## DAS FAHRRAD UND DAS AUTO

*Angesichts des ständigen Schneidens, Hupens und »Da ist der Radweg«-Gepöbels, das heute den Umgang vieler passionierter Automobilfreunde mit Rennrädern bestimmt, wird mancher von ihnen nicht gern hören, was der Historiker* ***James Flink*** *schlussfolgert: »Keine der vorausgegangenen Erfindungen, nicht einmal der Verbrennungsmotor, war für die Entwicklung des Autos so bedeutsam wie das Fahrrad.« Und tatsächlich: Viele der essenziellen Komponenten des Automobils wurden schon einige Jahre vor dessen Erfindung in Fahrradfabriken und -werkstätten ausgeheckt. Man denke nur an den luftgefüllten Reifen von* ***John Dunlop****. Zudem stammten zahlreiche Meilensteine der Verkehrstechnik von Ingenieuren, die ihr Handwerk als Fahrradmechaniker gelernt hatten: Seien es die* ***Gebrüder Wright****, der Brite* ***William Morris*** *als Wegbereiter der Massenproduktion von Automobilen oder* ***William S. Knudsen****, der sich als Produktionschef bei Ford und Chevrolet und Vorstand von General Motors einen Namen machte. Eine Auswahl jener einstigen Fahrradfabriken, die später ihr Geld mit Autos verdienten:*

CLÉMENT — PEUGEOT
DARRACQ — RAMBLER
OPEL — WILLYS
PEERLESS — WINTON

## UMSTÄNDLICHE HOLLÄNDER

*Wir denken an Peter Post oder Jan Raas und bilden uns ein, Niederländer hätten kurze, knackige Namen. Doch in den Rennlizenzen vieler Radprofis aus dem Nachbarland waren in der Vornamens-Spalte wahre Ungetüme unterzubringen:*

| BEKANNT ALS | EIGENTLICHER VORNAME |
|---|---|
| Tom CORDES | Thomas Matthijs Adrianus |
| Piet DICKENTMAN | Pieter Casper Johan |
| Maarten DUCROT | Martinus Antonius |
| Henk FAANHOF | Hendrikus Jacobus |
| Jacques HANEGRAAF | Jacobus Johannes Henricus |
| Max VAN HEESWIJK | Max Lambert Peter |
| Fedor DEN HERTOG | Fedor Iwan |
| Jan JANSSEN | Johannes Adrianus |
| Servais KNAVEN | Henricus Theodorus Josephus |
| Frans MAASSEN | Franciscus Albertus Antonius Johannes |
| Leontien ZIJLAARD-VAN MOORSEL | Leontine Martha Henrica Petronella |
| Danny NELISSEN | Daniel Wilhelmus Maria |
| Kees PELLENAARS | Cornelis Petrus |
| Adri VAN DER POEL | Adrianus Aloysius Jacobus |
| Cees PRIEM | Cornelis Johannes |
| Gerrit SCHULTE | Gerardus Bernardus Maria |
| Leo VAN VLIET | Leonardus Quirinus Machutus |
| Bart VOSKAMP | Bertus |
| Peter WINNEN | Peter Johannes Gertrudis |
| Bart ZOET | Hubertus Balthazar |
| Joop ZOETEMELK | Hendrik Gerardus Joseph |

## FORD UND DER RADSPORT

Als der Pulheimer **Gerald Ciolek** im Jahr 2005 als 18-Jähriger deutscher Straßenmeister der Elite wurde, absolvierte er noch eine Lehre als Energieelektroniker bei den Kölner Ford-Werken, die er vor seinem endgültigen Sprung zu den Profis auch erfolgreich beendete.

Als der Automobilhersteller Ford auf die Idee kam, ein Modell mit dem Namen »Focus« auf den Markt zu bringen, wird sich darüber vor allem **Mike Kluge** gefreut haben. Der einstige Cross-Weltmeister hatte für die von ihm gegründete Fahrradfirma »Focus Bikes« entsprechende Namens- und Markenrechte schützen lassen, die nun fürstlich honoriert wurden.

Der australische Bahn-Spezialist **Michael Ford** fährt in der Saison 2008 für das Continental-Team Southaustralia.com-AIS.

Die **Radsportgemeinschaft Ford Köln eV** gehört zu den umtriebigsten Clubs der Region.

In den sechziger Jahren sponserte »Ford France« – zum Teil im Verbund mit Gitane und Dunlop – einen erfolgreichen Rennstall, der mit **Lucien Aimar** sogar einen Tour-Sieg feierte.

## TITEL VON RADSPORT-MEMOIREN

| | |
|---|---|
| ALTIG, Rudi | »Die goldenen Speichen« |
| ANQUETIL, Jacques | »Soweit mein Mut mich trägt« |
| ARMSTRONG, Lance | »Tour des Lebens. Wie ich den Krebs besiegte und die Tour de France gewann.« (2000) |
| ARMSTRONG, Lance | »Jede Sekunde zählt« (2003) |
| ARMSTRONG-KELLY, Linda | »Kein Berg zu hoch« |
| BÖLTS, Udo | »Quäl dich, du Sau!« |
| BRUYNEEL, Johan | »Wir könnten echt gewinnen! Auf der Straße zum Erfolg mit dem Strategen hinter rekordträchtigen acht Tour-Siegen.« |
| D'HONT, Jef | »Erinnerungen eines Radsportpflegers« |
| GAUMONT, Philippe | »Gefangener des Dopings« |
| GEMINIANI, Raphael | »Meine vierhundert Streiche« |
| HARRIS, Reg | »Auf zwei Rädern an die Spitze« |
| HOBAN, Barry | »Wie sich die Räder drehen« |
| JANSSEN, Jan | »Vor 40 Jahren war es meine Tour« |
| KIMMAGE, Paul | »Raubeine rasiert. Bekenntnisse eines Domestiken.« (»Rough Ride. Behind the wheel of a pro-cyclist.«) |
| KNECHT, Hans | »Straße ohne Ende« |
| KÜBLER, Ferdi | »Training, Kämpfe, Große Siege. Ein Leben als Rennfahrer.« |
| LANDIS, Floyd | »Positively False. Die wahre Geschichte, wie ich die Tour de France gewann.« |
| LEBLANC, Jean-Marie | »Die Tour meines Lebens. Die Wahrheit des Tour-Chefs.« |
| MENTHÉOUR, Erwann | »Der geheime Trip. Meine Wahrheit über Doping.« |
| MEIRHAEGHE, Filip | »Positiv« (2005) |
| MEIRHAEGHE, Filip | »Das Comeback« (2006) |
| NYS, Sven | »Ich. Sven Nys.« |
| OBREE, Graeme | »Flying Scotsman« |
| PEIPER, Allan | »A Peiper's Tale« (als Anspielung auf den Rattenfänger von Hameln) |
| PLANCKAERT, Eddy | »Pilgerzug. Ein Leben auf Pad.« |
| POULIDOR, Raymond | »Meine goldenen Jahre« |
| ROCHE, Stephen | »Meine Straße zum Sieg« |
| SKIBBY, Jesper | »Verstehen Sie mich richtig« |
| ULLRICH, Jan | »Ganz oder gar nicht. Meine Geschichte.« |
| VIRENQUE, Richard | »Meine Wahrheit« |
| VANDENBROUCKE, Frank | »Gott bin ich nicht« |
| VAN PETEGEM, Peter | »Eigensinning« |
| VOET, Willy | »Gedopt« (»Massacre à la chaine. Révélations sur 30 ans de tricherie.«) |
| VOIGT, Jens | »Man muss kämpfen! Nicht aufgeben – Siegen lernen.« |
| WÜST, Marcel | »Sprinterjahre. Glanz und Schatten einer Radsportkarriere.« |
| ZIMMERMANN, Urs | »Im Seitenwind« |

## DIE LÄNGSTEN SOLOFLUCHTEN BEI DER TOUR DE FRANCE

| | | | |
|---|---|---|---|
| 1947 | Albert Bourlon (FRA) | 253 km | Carcassonne - Luchon |
| 1991 | Thierry Marie (FRA) | 234 km | Arras - Le Havre |
| 1965 | José Perez-Frances (ESP) | 223 km | Ax-les-Thermes - Barcelona |
| 1977 | Bernard Quilfen (FRA) | 222 km | Besançon - Thonon-les-Bains |
| 1950 | Maurice Blomme (BEL) | 214 km | St.Gaudens - Perpignan |
| 1966 | Pierre Beuffeuil (FRA) | 205 km | Montluçon - Orleans |
| 1950 | Marcel Dussault (FRA) | 200 km | Bordeaux - Pau |
| 1968 | Roger Pingeon (FRA) | 193 km | Font Romeu - Albi |
| 2007 | Bradley Wiggins (GBR) | 190,5 km | Semur-en-Auxois - Bourg-en-Bresse |
| 1987 | Régis Clère (FRA) | 189,5 km | Blagnac - Millau |
| 1993 | Fabio Roscioli (ITA) | 182,5 km | Isola - Marseille |
| 1976 | Aldo Parecchini (ITA) | 180 km | Bastogne - Nancy |
| 1983 | Philippe Leleu (FRA) | 179 km | Morzine - Dijon |
| 1976 | José-Luis Viejo (ESP) | 160 km | Montgenèvre - Manosque |
| 1986 | Eduardo Chozas (ESP) | 157 km | Gap - Col du Granon |
| 1955 | Daan de Groot (NED) | 150 km | Millau - Albi |
| 1997 | Cédric Vasseur (FRA) | 146,5 km | Chantonnay - La Chatre |

*Die größten Vorsprünge konnten diese drei Solisten herausfahren*:

| | | | |
|---|---|---|---|
| 1976 | José-Luis Viejo (ESP) | 22'56'' | Montgenèvre - Manosque |
| 1957 | Pierino Baffi (ITA) | 21'48'' | Pau - Bordeaux |
| 1955 | Daan De Groot (NED) | 20'31'' | Millau - Albi |

## RADSPORT UND FUSSBALL

Zu den Fußballteams mit Radsportabteilung zählen der FC Barcelona und der **FC ST. PAULI**. Die junge Radsportmannschaft der Hamburger erzielte im Jahr 2007 einen ersten Achtungserfolg: Als amtierender Hamburger Landesmeister durfte Lars Stiedenroth mit der Startnummer 164 bei den Deutschen Meisterschaften am 1. Juli in Wiesbaden an den Start gehen. Wie 110 andere Fahrer auch stieg er vor dem Ziel aus. + + + Der 2007 gegründete spanische Profirennstall **KARPIN GALICIA** verdankt den ersten Teil seines Namens dem ehemaligen russischen Fußballnationalspieler Valeri Karpin, der unter anderem für Celta Vigo die Fußballschuhe schnürte. Der zweite Namensteil geht auf die spanische Region Galizien als Sponsor zurück. + + + **SPORTING LISSABON** mag vor allem Fußballfans ein Begriff sein. Doch der traditionsreiche Hauptstadtverein hat stets auch in anderen Sportarten überaus fleißig Pokale und Titel gesammelt. Unter anderem im Tauchen, Handball, Schwimmen, Rollhockey, Fechten, Rallye- und Motorrad-Sport. Der Klub unterhielt darüber hinaus auch eine eigene Radsport-Abteilung. Zwei Mal nahm Sporting Lissabon an der Tour de France teil: 1975 und 1984. Bekanntester und erfolgreichster Fahrer in grün-weiß war Joaquim Agostinho.

## MODAL SHARE

*Radverkehrsanteil an allen zurückgelegten Wegen für ausgewählte Städte:*

| | | | |
|---|---|---|---|
| Groningen | 50 % | Hannover | 13 % |
| Münster | 35 % | Leipzig | 12,6 % |
| Utrecht | 29 % | Jena | 10,4 % |
| Göttingen | 24,5 % | Berlin | 10 % |
| Dessau | 23,8 % | Schwerin | 9,8 % |
| Bozen | 23 % | Frankfurt/Main | 9,5 % |
| Cottbus | 22,4 % | Erfurt | 9,3 % |
| Bremen | 22 % | Chemnitz | 5,6 % |
| Potsdam | 19,7 % | Linz | 5 % |
| Salzburg | 18 % | Plauen | 3,7 % |
| Augsburg | 16,7 % | Siegen | 3 % |
| München | 15 % | Wuppertal | 1 % |
| Magdeburg | 13,7 % | | |

*gemäß diverser Studien aus den Jahren 2000-2006*

## RADWEGKILOMETER PRO 1.000 EINWOHNER (IM JAHR 2000)

| | | | |
|---|---|---|---|
| Oulo (FIN) | 2,898 | Ile-de-France (FRA) | 0,126 |
| Helsinki (FIN) | 1,967 | Brüssel (BEL) | 0,115 |
| Oberspreewald-Lausitz (GER) | 1,904 | Karlsbad (CZE) | 0,110 |
| Bremen (GER) | 1,190 | Belfast (GBR) | 0,106 |
| München (GER) | 0,758 | Barcelona (ESP) | 0,071 |
| Wallonien (BEL) | 0,481 | Bialystok (POL) | 0,056 |
| Graz (AUT) | 0,480 | Clermont-Fer. (FRA) | 0,050 |
| Nantes (FRA) | 0,440 | Brünn (CZE) | 0,040 |
| Nottingham (GBR) | 0,352 | Sevilla (ITA) | 0,018 |
| Berlin (GER) | 0,236 | Mailand (ITA) | 0,014 |
| | | Rom (ITA) | 0,008 |

## RADELNDE GESCHWISTER (BEIDERLEI GESCHLECHTS)

Luzia, Markus und Beat Zberg / Elsy, Edmond, Raymond und Roger Jacobs / Danielle, Charles und Danny Overgaag / Ina-Yoko, Lars und Sven Teutenberg / Jaccolien, Freek und Arno Wallaard / Magnus und Cecilia Backstedt / Katie und Graeme Allen Brown / Tamara und Fabian Cancellara / Liesbeth und Wim De Vocht / Jurgen und Liesbeth Deceuninck / Nuria und Xavier Florencio Cabre / Tine und Jan Ghyselinck / Ludivine und Jonathan Henrion / Kathy und Nic Ingels / Hanka und Stefan Kupfernagel / Noémi und Tristan Marguet / Pleuni und Peter Möhlmann / Magali und Xavier Pache / Amy und Roy Pieters / Karen und Geert Steurs / Mirelle und Angelo van Melis

## ERKTILE DYSFUNKTION

*Es ist das Lieblingsthema von Medizinwissenschaftlern, wenn sie sich dem Radsport zuwenden: Was kann der permanente Druck des Sattels vor allem dem männlichen Fortpflanzungsorgan anhaben? Die Ergebnisse sind bisweilen genauso erschreckend, wie es sich für Studien gehört, die auf großes Medienecho getrimmt sind:*

**Universitätsklinik Innsbruck, 1999**: Ein Hoden gehört nicht aufs Mountainbike – schon gar nicht auf ein Hardtail. Von 45 untersuchten Bikern wiesen 43 Hodenanomalien vor. Unter den 31 Nicht-Bikern hingegen litten nur 5 unter Tumoren, spermahaltigen Zysten und dergleichen.
**Universitätsklinik Köln, 1999-2002**: Die schmale Form von Herrensätteln stört die Durchblutung des Penis ganz erheblich. Der Sauerstoffpartialdruck verringert sich von durchschnittlich 61,2 mmHg im Stehen durch das Setzen auf einen Fahrradsattel um rund 70 Prozent auf nur noch 17,8 mmHg. So stellt sich alsbald ein Taubheitsgefühl und nicht selten sogar eine vorübergehende Impotenz ein. Die männerfreundlichsten Modelle sind demnach breite Damensättel ohne Sattelnase.
**Universitätsklinik Brüssel, 2002:** Viele Radrennfahrerinnen leiden an einer »Radfahrervulva«. In den geschilderten Fällen von sechs Sportlerinnen im Alter von 21 bis 38 Jahren hatten sich nach mehrjährigem Training mit jeweils mehr als 400 Wochenkilometern trotz optimaler Hygiene, idealer Sattelposition und hochwertiger Kleidung ganz erhebliche Schwellungen der äußeren Schamlippen eingestellt – fünfmal rechts, einmal links.
**Universität Witwatersrand (Südafrika), 2004:** Die Form der Spermazellen von jungen Radrennfahrern, die sechs Mal wöchentlich zwei Stunden lang trainieren, weicht in Folge des Drucks auf die Hoden und der Temperatur im Hodensack überproportional oft von der Norm ab. Typisch sind spitzköpfige Spermien.
**Universität Tel Aviv, 2005**: Zwischen 13 und 24 Prozent aller männlichen Radfahrer, die pro Woche mehr als 400 km zurücklegen, leiden unter Erektionsstörungen. Entgegenwirken ließe sich dem in den meisten Fällen mit der Einnahme von PDE-5-Hemmern.
**Batholomew's and Homerton Hospital London, 2008:** Mit nicht optimal ausgewähltem und eingestelltem Material riskieren Männer, die regelmäßig oder längere Strecken Rad fahren, u.a. genitales Taubheitsgefühl, Erektionsprobleme sowie Schmerzempfinden und Hautirritationen in der Leistenregion. Aufgrund der starken Temperaturerhöhung im Schambereich leide zudem die Spermienfunktion.

*Es gibt allerdings auch Entwarnung:*

**Universitätsklinik Köln, 2001**: Nach 3 Stunden im Sattel erwärmt sich das Skrotum von regelmäßig und in hohem Maße aktiven Radfahrern zwar durchschnittlich um 3,3°C auf 36,6°C, dies führt aber zu keinen signifikanten Beeinträchtigungen hinsichtlich der Spermakonzentration, -morphologie und -motalität.
**MedUni Wien, 2008**: Eine urologische Untersuchung und Testosteronmessung ergab für Männer im Alter von 45 bis 60 Jahren, dass sie das Risiko einer schweren erektilen Dysfunktion um 82,9 Prozent verringern, wenn sie 4.000 statt der üblichen 1.000 Kilokalorien wöchentlich in körperliche Aktivitäten investieren.

## RADSPORT IN DER BILDENDEN KUNST

**ARNO BREKER: »Der Verwundete«**
Hitlers Vorzeige-Steinmetz war offenbar doch nicht allein auf Plastiken von germanischen Modellathleten festgelegt, die den Besuch des Berliner Olympiastadions zu einer beklemmenden Erfahrung machen können. Inspiration und Vorlage für seine auch von Kritikern als »ernst zu nehmende Bildhauerei« gewürdigte und von Andy Warhol (»Diese Figur enthält für mich so viele Emotionen: Kraft, Schönheit, Zartheit, Schmerz und Brutalität.«) gar abgöttisch verehrte Skulptur »Der Verwundete« war ein Foto, das den zweimaligen Tour-de-France-Sieger André Leducq blutend am Straßenrand zeigte. Brekers künstlerische Freiheit: Im Gegensatz zum Original ist dle Statue nackt.

**ACHILLE CASTIGLIONI: Wackelsitz »Sella«**
So raffiniert und doch so einfach – fraglos einer der Designklassiker des 20. Jahrhunderts.

**MARCEL DUCHAMP: Fahrradrad (Roue de bicyclette)**
Wegweisendes Werk des französischen Künstlers, der wahlweise den Dadaisten oder den Surrealisten zugeschlagen wurde. Montierte 1913 das Laufrad eines Fahrrads umgekehrt auf einen Hocker und prägte damit das Prinzip des »Ready Made«. Der Kunstbegriff war fortan nicht mehr an den Schaffensprozess des Künstlers gebunden – auch wahllos ausgesuchte Alltagsobjekte konnten nun Kunst sein. Das Original des Fahrradrades gilt als verschollen. Sein Motto: »Es gibt keine Lösung, weil es kein Problem gibt.«

**LYONEL FEININGER: The Bicycle Race**
Fünf eckige Herren auf identischen Rädern. 1912 würdigte der deutsch-amerikanische Maler aus dem Kreis der »Berliner Secession« den Radrennsport in kubistischer Manier.

**FERNAND LÉGER: La grande Julie**
New York, 1945. Eine imposante, seltsam montiert wirkende Julie im orangefarbenen Gewand hakt sich bei einem kaum fahrtüchtigen, seltsam demontiert wirkenden Fahrrad unter. Auch in anderen Hauptwerken Légers stand das Velo im Mittelpunkt. Etwa in der »Hommage à Louis David«.

**PABLO PICASSO: The bull's head**
1943 entstand ein legendär gewordener Stierkopf, indem Picasso einfach einen Fahrradlenker über einem Sattel anbrachte. »Ich möchte, dass die Leute sagen: ›Schau, das war ein Fahrrad, und jetzt ist es ein Stier.‹ Ich möchte aber auch, dass sie sagen: ›Es kann wieder ein Fahrrad werden.‹«

**ROBERT RAUSCHENBERG: Collage »Bicycle«**

»Jedes Bild von mir könnte auch ganz anders aussehen. Und am liebsten ist es mir, wenn Sie meine Bilder nicht als Bilder ansehen. Es sind Spielfelder. Sie sollen Lust bekommen, selbst weiterzumalen und weiterzubauen.«

**HENRI DE TOULOUSE-LAUTREC: La Châine Simpson**

In all der Aufruhr um die Erfindung des »Pferdes, das kein Heu frisst«, konnten die ersten Fahrradfirmen anfangs auch sehr bekannte Künstler als Plakatmaler verpflichten. Das am meisten beachtete Werk des Genres schuf der Hohe Priester der Art Nouveau im Auftrag des Kettenherstellers Simpson. Modell fuhr der französische Steher- und Langstreckenspezialist Constant Huret, nachdem der für die ersten Skizzen ausgewählte Waliser »Wunderknabe« Jimmy Michael als nicht dynamisch genug aussortiert worden war.

## ABDU

*Da der Fahrer, der im Peloton stets einen prägnanten Gegenpol zu Dressmen wie Cipollini und Breschel gesetzt hat, wahlweise als Sergej Gontschar oder Serhiy Honchar durch die Ergebnislisten geistert, wissen wir als Radsportfans natürlich um die besondere Schwierigkeit, kyrillische Wörter unfallfrei ins westliche Alphabet zu übertragen. Was sich natürlich bei langen Namen besonders bemerkbar macht. So wie bei jenem Ausnahmesprinter, der an dieser Stelle der Eindeutigkeit halber kurz »Abdu« heißen soll. Die in dieser Reihenfolge häufigsten Namensversionen gemessen an den Google-Treffern:*

| | |
|---|---|
| Djamolidine | Abdoujaparov |
| Djamolidin | Abdujaparov |
| Dschamolidin | Abduschaparov |
| Dschamolodine | Abduzhaparov |
| Dshamolidin | Abduschaparow |
| Dshamolodine | Abdujaparow |
| Djamulidin | Abdoujaparow |
| Djamulidine | Abdouschaparov |
| Dchamolidine | Abdutschaparov |

## NAMENSSPIELEREIEN

Robert Alban: Ban-ban
Mario Cipollini: Cipo
Pedro Delgado: Perico
Laurent Dufaux: Duduf
Jacky Durand: Dudu
Raphaël Géminiani: Gem

Jens Heppner: Heppe
Laurent Jalabert: Jaja
Edmond Jacquelin: Pioupiou
Gerrie Knetemann: De Kneet
David Moncoutie: Moncoucou
Raymond Poulidor: Pou-pou

Louis Troussellier: Trou-trou
Jan Ullrich: Ulle
Roger Walkowiak: Walko
Stefan Wesemann: Wese
Erik Zabel: Ete
Mikel Zarrabeitia: Zarra

# RADSPORTDENKMÄLER

JOAQUIM AGOSTINHO (POR) *** 7. April 1943 in Torres Vedras – † 10. Mai 1984 in Lissabon**

Gedenkstein in der nach ihm benannten Kurve 14 des Anstiegs nach Alpe d'Huez / Denkmal mit lebensgroßer Skulptur von Agostinho als Kletterer in Torres Vedras nördlich von Lissabon / Monument in Silveiro

JACQUES ANQUETIL (FRA) *** 8. Januar 1934 in Mont-Saint-Aignan – † 18. November 1987 in Rouen**

Monument mit allen wichtigen Siegen in Quincampois / Monument mit den Umrissen von Frankreich im Garten seines ehemaligen Anwesens in La Neuville Chant d'Oisel / Stele auf der Côte de Châteaufort, über die der GP des Nations führte

GINO BARTALI (ITA) *** 18. Juli 1914 in Ponte a Ema – † 4. Mai 2000 in Ponte a Ema**

Büste an der Kapelle der »Radfahrerpatronin« Madonna del Ghisallo oberhalb des Comer Sees (gemeinsam mit Fausto Coppi)

LOUISON BOBET (FRA) *** 12. März 1925 in Saint-Méen-le-Grand – † 13. März 1983 in Biarritz**

Gedenkplakette an einem Felsen am Col d'Izoard (gemeinsam mit Fausto Coppi)

OTTAVIO BOTTECCHIA (ITA) *** 1. August 1894 in San Martino del Colle – † 15. Juni 1927 in Gemona**

Kreuzartige Skulptur aus Laufrad und Lenkrad, die an seinen frühen, mysteriösen Tod erinnert, in Trasaghis bei Udine

LUCIEN BUYSSE (BEL) *** 22. Februar 1893 in Wontergem – † 3. Januar 1980 in Deinze**

Wuchtige, dem Betrachter aus einem Gedenkstein heraus entgegenstrampelnde Skulptur in Deinze

TULLIO CAMPAGNOLO (ITA) *** 26. August 1901 in Vicenza – † 3. Februar 1983 in Vicenza**

Monument aus Marmor und Bronze auf dem Col de Aune, das die Erfindung des Schnellspanners als Bildgeschichte darstellt

FABIO CASARTELLI (ITA) *** 16. August 1970 in Como – † 18. Juli 1995 in Tarbes**

Am Col de Portet d'Aspet unweit der Stelle seines tödlichen Sturzes bei der Tour de France 1995 errichtete Marmorskulptur / Gedenktafel mit Foto und Olympischen Ringen an der genauen Unfallstelle am Portet d'Aspet / Gedenkstein in Albese

EUGÈNE CHRISTOPHE (FRA) *** 22. Januar 1885 in Paris – † 1. Februar 1970 in Paris**

In Sainte-Marie-de-Campan: schmucklose Gedenktafel in Erinnerung an die ein paar Mal zu oft erzählte Geschichte vom Gabelbruch am Tourmalet / Von Tour-Direktor Leblanc enthüllte Skulptur in Annemasse

FAUSTO COPPI (ITA) *** 15. September 1919 in Castellania – † 2. Januar 1960 in Tortona**

Monument am Passo Pordoi (an dem beim Giro häufig die Cima Coppi ausgelobt ist) / Stele am Col de Larche / zwei Denkmäler (Original und billige, aber prominenter platzierte Fälschung) am Passo dello Stelvio / Büste an der Madonna del Ghisallo (mit Bartali) / Büste an der Capo Berta (mit Girardengo + Bartali) / Gedenktafel am Col d'Izoard (mit Bobet)

HENRI DESGRANGE (FRA) *** 31. Januar 1865 in Paris – † 16. August 1940 in Beauvallon**

Denkmal in Form einer riesigen Littfaßsäule auf dem Col du Galibier

NICOLAS FRANTZ (LUX) *** 4. November 1899 in Mamer – † 8. November 1985 in Luxemburg**

Skulptur im Zentrum der luxemburgischen Kleinstadt Mamer (zusammen mit der 1.500-Meter-Olympiasiegerin Josy Barthel)

MAURICE GARIN (FRA) *** 3. März 1871 in Arvier – † 19. Februar 1957 in Lens**

Bronzemonument für den Sieger der ersten Tour de France in seinem italienischen Geburtsort

JACQUES GODDET (FRA) *** 21. Juni 1905 in Paris – † 15. Dezember 2000**

Denkmal für den langjährigen Tour-Direktor am Col de Tourmalet

REGINALD HARGREAVES HARRIS (GBR) *** 1. März 1920 bei Bury – † 22. Juni 1992 in Macclesfield**

An eine Wachsfigur erinnernde Holzskulptur im Velodrom von Manchester

EDOUARD LOUIS (»EDDY«) MERCKX (BEL) *** 17. Juni 1945 in Meensel-Kiezegem**

Denkmal an der Côte de Stockeu als Schlüsselstelle von Lüttich–Bastogne–Lüttich / Stele mit Gedicht in Geraardsbergen

JEAN-PIERRE MONSERÉ (BEL) *** 8. September 1948 in Roeselare – † 15. März 1971 in Retie**

Gedenkstein an der Stelle der N140 bei Lille, an der Monseré als amtierender Weltmeister beim G.P. Retie tödlich verunglückte

LUIS OCAÑA (FRA) *** 9. Juni 1945 in Cuenca – † 19. Mai 1994 in Frankreich**

Gedenktafel an der Stelle, an der Ocaña 1971 auf der Abfahrt vom Col de Mente stürzte und die Tour de France doch noch verlor

»STAN« OCKERS (BEL) *** 3. Februar 1920 in Borgerhout – † 1. Oktober 1956 in Antwerpen**

Bronzebüste im Sportpalast von Antwerpen / Denkmal an der N 62 zwischen Beaufays und Louveigné

MARCO PANTANI (ITA) *** 13. Januar 1970 in Cesena – † 14. Februar 2004 in Rimini**

Denkmäler in Cesenatico, auf der Passhöhe des Fauniera, an der Westflanke des Mortirolo und in Les Deux Alpes

RENÉ POTTIER (FRA) *** 5. Juni 1879 in Móret-sur-Loing – † 25. Januar 1907 in Levallois-Perret**

Stele auf dem Ballon d'Alsace für den Tour-Sieger von 1906, der wenige Monate später Selbstmord beging

ROGER RIVIÈRE (FRA) *** 23. Februar 1936 in Saint-Etienne – † 1. April 1976 in Saint-Galmier**

Stele auf der Abfahrt vom Col du Perjuret in Erinnerung an den fatalen Sturz auf der 14. Etappe der Tour de France 1960

ALBERIC »BRIEK« SCHOTTE (BEL) *** 7. September 1919 in Kanegem – † 4. April 2004 in Kortrijk**

Skulptur in Kanegem / Gedenktafel in Moorslede / Büste und Skulptur in Waregem

TOM SIMPSON (GBR) *** 30. November 1937 in Haswell – † 13. Juli 1967 am Mont Ventoux**

Gedenkstein am Ort seines tödlichen Kollaps bei der Tour de France 1967 /
dasselbe Denkmal in kleinerer Version als Nachbau auch im englischen Harworth

WIM VAN EST (NED) *** 25. März 1923 in Fijnaart – † 1. Mai 2003 in Roosendaal**

Gedenktafel für seinen spektakulären Sturz am Col d'Aubisque / Stele in der Wim-van-Est-Straat in St. Willebrord

Weitere Gedenksteine und -tafeln finden sich u.a. in den Gemeinden: Arendonk (Van Steenbergen) / Boekel (Zijlaard-van Moorsel) / Lieshout (Damen) / Köln (Albert Richter) / Lovendegem (Maurice Dewaele) / Montélimar (Rey u. Moujica) / Plessé (Petit-Breton) / Rouen/Côte de Bonsecours (Robic) / Vårgårda (Gebrüder Pettersson) / Zürich-Oerlikon (Koblet)

## DIE HÖCHSTGELEGENEN WM-STRECKEN

| | | |
|---|---|---|
| Duitama (COL) | 1995 | 2530 Meter über NN |
| Colorado Springs (USA) | 1986 | 1832 |
| San Cristobal (VEN) | 1977 | 860 |
| Gap (FRA) | 1972 | 745 |
| Madrid (ESP) | 2005 | 667 |
| Nürburgring (GER) | 1927, 1966, 1978 | 620 |
| Sallanches (FRA) | 1964, 1980 | 554 |
| Bern (SWI) | 1936, 1961 | 542 |
| Villach (AUT) | 1987 | 501 |
| Salzburg (AUT) | 2006 | 424 |
| Altenrhein (SWI) | 1983 | 415 |
| Zürich (SWI) | 1929, 1946 | 408 |
| Sachsenring (GER) | 1960 | 400 |
| Varese (ITA) | 1951, 2008 | 382 |
| Mendrisio (ITA) | 1971 | 354 |
| Frascati (ITA) | 1955 | 320 |

## DAS IST JA DIE HÖHE!

*Rennen, die nach Bergen und Gebirgen benannt sind:*

Tatras Beker (Polen)
Tour de Pyrenees (Australien)
Wangaratta-Mount Buffalo (Australien)
Tour du Jura (Schweiz) Tour of Appalachia (USA)
Rund um die Rigi (Schweiz) Tour of the Adirondacks (USA)
Tour de White Rock (Kanada) Rocky Mountains Classic (USA)
Volta A Trasos-Montes (Portugal) Circuit des Ardennes (Frankreich)
Rund um die Hainleite (Deutschland) Green Mountain Stage Race (USA)
El Glacial de Montaña (Kolumbien) Giro dell'Etna (Italien) Monte Paschi Eroica (Italien)
Mount Buller Cup (Australien) Alpenklassiker (Frankreich) Circuit Du Ventoux (Frankreich)
Escalada a Montjuïc (Spanien) Giro dell' Appennino (Italien) GP Schwarzwald (Deutschland)

## FRAUEN AN DER SEITE VON LANCE ARMSTRONG

Kristin Armstrong (1998-2003): *Die Mutter seiner Kinder, nicht die Radrennfahrerin* / Linda Armstrong-Kelly: *Resolute Mutti mit C-Promi-Status* / Sandra Bullock (2004): *Schauspielerin mit deutschen Wurzeln* / Sheryl Crow (2004-2006): *akademische Rockröhre* / Tory Burch (2007): *angesagte Kleidchen- und Ballerina-Designerin* / Ashley Olsen (2007): *15 Jahre jüngere Schauspielerin mit Zwillingsschwester* / Kate Hudson (2008): *Goldie Hawns Tochter*

## VIRTUELLE TOUR-HELDEN

*2003/2004 und 2004/2005 tummelten sich beim Computerspiel »Radsport-Manager« – offenbar angesichts fehlender Rechte – noch einige suspekt anmutende Protagonisten und Mannschaften:*

| | | |
|---|---|---|
| B. Coike | D. Conigo | B. Easel |
| T. Homelton | L. Neilstrong | J. Ullrech |
| A. Potacchi | A. Vulverde | E. Zubel |
| | Walter Gadefriit | |
| Team CVC | Team T-lekom | U.S. Pystol |

## EINE TIERISCHE EQUIPE

| | | | |
|---|---|---|---|
| Siegfried **Adler** | GER19430319 | Thierry **Bock** | BEL19661227 |
| Steve **De Wolf** | BEL19560622 | Joseph **Fuchs** | SWI19480724 |
| Charly **Gaul** | LUX19321208 | Ludwig **Geyer** | GER19040818 |
| Fred **Krebs** | GBR19311123 | Charles **Loew** | FRA18960902 |
| Dominik **Nerz** | GER19890825 | Pascal **Poisson** | FRA19580629 |
| Benoit **Salmon** | FRA19740509 | Marcel **Strauss** | SWI19760815 |
| Henk **Vogels** | AUS19730731 | Türel **Wanzenfried** | SWI19060902 |
| Rolf **Wolfshohl** | GER19381227 | Otto **Ziege** | GER19260614 |

## LE RUBAN JAUNE

*1936 stiftete Henri Desgrange, Direktor der längst mächtigen Tour de France und Chef der nicht minder einflussreichen Sporttageszeitung »L'Auto«, ein »Weißes Band« für den Temporekord bei Eintagesrennen über Distanzen von mehr als 200 Kilometer. Angelehnt war der Wettbewerb natürlich an das »Blaue Band«, mit dem seit etwa 1860 das schnellste Schiff auf der Transatlantik-Route geehrt wurde. Als Träger des »Ruban Jaune« kamen offenbar nur Sieger jener weitgehend flachen Eintagesklassiker in Frage, die dem Namen nach in der französischen Hauptstadt, tatsächlich aber in einem sehr großzügig definierten Großraum Paris starten. Natürlich musste auch der Wind mitspielen. Tat er dies nicht und blies zum Beispiel bei Paris–Tours, dem Rennen für die »Windhunde des Herbstes«, von Südwesten, konnte er sogar die Besten auf unter 35 km/h abbremsen – so wie 1988...*

| Jahr | km/h | Fahrer | Klassiker | Fahrzeit |
|---|---|---|---|---|
| 1936: | 41,455 | Gustave Danneels (BEL) | Paris–Tours | 6h03'17" für 251 km |
| 1938: | 42,092 | Jules Rossi (ITA) | Paris–Tours | 5h57'47" für 251 km |
| 1948: | 43,612 | Rik Van Steenbergen (BEL) | Paris–Roubaix | 5h38'26" für 246 km |
| 1955: | 43,666 | Jacques Dupont (FRA) | Paris–Tours | 5h47'48" für 253 km |
| 1962: | 44,903 | Jo de Roo (NED) | Paris–Tours | 5h57'26" für 267 km |
| 1964: | 45,129 | Peter Post (NED) | Paris–Roubaix | 5h52'19" für 265 km |
| 1975: | 46,110 | Freddy Maertens (BEL) | Paris–Brüssel | 6h11'30" für 285 km |
| 1997: | 47,168 | Andrei Tschmil (UKR) | Paris–Tours | 5h23'44" für 254 km |
| 2003: | 47,550 | Erik Zabel (GER) | Paris–Tours | 5h24'55" für 257 km |

## ENERGIERIEGEL

*Die Hersteller spezieller Nahrungsergänzungspräparate für Sportler versprechen gerade Radfahrern die jederzeit nachladbare Power für die Trikottasche in Form von Kohlenhydrat-Eiweiß-Riegeln. Typische Ingredienzen solcher Kraftnahrungshappen am Beispiel eines populären schwedischen Produktes zum Preis von 1,99 Euro pro Stück:*

Amylopektin, Gerstenstärke, Glukosesirup, Geschmacksstoffe, Invertzuckersirup, Milcheiweiß, Sojaeiweiß, Sojalecithin als Emulgator, Sojaöl, Yoghurtlasur (aus Kakobutter, Laktose, Magermilch, Yoghurtpulver, Zitronensäure als Säuerungsmittel, Zucker und ebenfalls Geschmacksstoffen und Sojalecithin). *An Allergenen enthält der Riegel: Milchbestandteile, Sojalecithin, Gluten, Gerstenstärke. Es ist nicht ausgeschlossen, dass das Produkt zudem Spuren von Erdnüssen, Nüssen und Samen enthält.*

*Radsportlern empfiehlt der Hersteller, während des Trainings alle 15 bis 30 Minuten einen Bissen zu sich zu nehmen und dazu Wasser oder ein Sportgetränk zu trinken – natürlich am besten aus dem eigenen Sortiment. Zudem sollten Kunden darauf achten, abwechselnd auch die Kohlenhydratriegel derselben Marke zu essen. Diese enthalten in der Geschmacksrichtung »Trockenfrüchte/Honig«: getrocknete Äpfel, getrocknete Aprikosen, Hafer, Hagebutten, Honig, Mandeln, Sesam, Soja. Die jeweiligen Nährwerte pro Riegel:*

| | **Eiweiß-Carbo** | **Carbo** |
|---|---|---|
| Brennwert | 1066 KJ / 253 kcal | 845 KJ / 208,5 kcal |
| Eiweiß | 16,5 g | 4,7 g |
| Kohlenhydrate | 32 g | 42,3 g |
| davon Mono-/Disaccharide | 21,2 g | 19,5 g |
| Fett | 6,4 g | 5,0 g |
| davon gesättigt | 3,3 g | 0,6 g |
| Ballaststoffe | – | 3,8 g |
| Natrium | 0,1 g | 5,5 mg |

*Von folgenden Mineralien und Vitaminen enthält ein einziger Carbo-Energieriegel dieses Herstellers allein mehr als 5 Prozent des empfohlenen Tagesbedarfs:*

Vitamin A: 13 % / Vitamin B1: 5,9 % / Vitamin C: 17,6 % / Vitamin E: 14,4 %
Niacin: 9,8 % / Eisen: 11,1 % / Phosphor: 11,1 % / Magnesium: 13,7 %

## UNTERZUCKERUNG INTERNATIONAL

| | |
|---|---|
| Deutsch | Hungerast |
| Englisch | bonk |
| Französisch | la fringale |
| Italienisch | crisi di fame |
| Niederländisch/Flämisch | Hongerklop |

## MEIN FREUND DAS FAHRRAD

*»Ich nannte das Fahrrad meinen einzigen Freund. Wenn es möglich gewesen wäre, hätte ich vermutlich mit ihm geschlafen«, gestand einst Henry Miller, wortgewaltiger Verfechter der offenhosigen Psychoanalyse und begnadeter Agent Provocateur der amerikanischen Literatur. Es war eine besonders helle Stunde eines Mannes angesichts dessen Reiseapotheke man sich selbst beim Blick in den Kofferraum von Herrn Voet und Frau Rumsas vermutlich eher wie auf einem Kindergeburtstag gefühlt hätte. Selbstredend weniger lyrisch klang dasselbe Thema aus dem Mund von Soraya Lewe-Tacke, Muttertier der Popsängerin Sarah Connor, als sie in der Illustrierten »Bunte« plump palaverte: »Ich brauche nur ein Herrenfahrrad anzuschauen, schon bin ich schwanger.« Und doch möchte man beiden unisono entgegnen: Kein Wunder, ist ja auch fast alles dran an einem Rennrad.*

Gabelkrone
Steuer-/Lenkkopf
Schaltauge, Vorbauauge
Sattelnase
Bremsbacken
53 Zähne
Kurbelarm, Bremszugfangarm
Messerspeiche, Aerospeiche
Speichennippel, Walzennippel
Bremskörper
Lagerfett
Außenlaschenglied
Bremsschenkel, Achsschenkel
Dickendgabelbeine
Umwerfergelenk
Bremsschuhe

*Übrigens: Es geschah im Oktober 2006 in einer netten schottischen Kleinstadt mit dem netten Namen Ayr, dass zwei Zimmermädchen ein Hotelzimmer betraten und unverhofft mit ansehen mussten, dass der betreffende Gast lediglich ein T-Shirt trug und laut Medienberichten »sexuelle Handlungen an einem Fahrrad vornahm«. Der Direktor des Hotels alarmierte umgehend die örtliche Polizei, und die zuständige Staatsanwaltschaft sah sich veranlasst, Ermittlungen wegen eines Sexualverbrechens einzuleiten. Bereits Anfang der achtziger Jahre musste ein Brite hinter Gitter, nachdem man ihm ein sexuelles Vergehen an einem leblosen Gegenstand nachgewiesen hatte. Damals hatte es sich um Pflastersteine gehandelt – offenbar ein ganz besonderer Pavé-Liebhaber...*

## WIE RENNRADVENTILE AUCH HEISSEN

Sclaverand-Ventil    Rennventil
Schlauchreifenventil    Presta-Ventil
Französisches Ventil (FV)

## RADSPORT IN FERNSEHSERIEN UND -SHOWS

### TATORT – »TODESFAHRT«

Bei einem Radrennen in Leipzig stürzt der Rennfahrer Sebastian Zander scheinbar grundlos vom Rad und muss bewusstlos ins Krankenhaus eingeliefert werden. Ärztliche Untersuchungen weisen nach, dass sich im Blut des Leistungssportlers Substanzen befinden, die keinen Zweifel an einem Medikamentenmissbrauch lassen. Die Kommissare Ehrlicher und Kain ermitteln.

### TATORT – Kommissar Palü

Immer mit Rennrad – und Rotwein – unterwegs: Jochen Senf.

### TKKG – »Die Jagd nach den Millionendieben«

Klößchens Rennrad verschwindet auf mysteriöse Weise...

### TKKG – »Angst in der 9a«

Mit dabei: Ein Rennrad mit zwei Thermoskannen in den Trinkflaschenhaltern.

### TKKG – »Das leere Grab im Moor«

Diesmal wartet Klößchens Rennmaschine mit ausfahrbarer Antenne auf.

### NEUES AUS UHLENBUSCH – »Ein Tier ist ein Tier«

Die Frage, die an diesem Sonntagnachmittag hunderttausende junge Fernsehzuschauer umtreibt: Soll Micki sein adoptiertes Ferkel wirklich für das ersehnte Rennrad verkaufen?

### DR. HOUSE – »Tanz ums Feuer«

2005 abgedrehte, hierzulande erstmals im November 2006 ausgestrahlte Folge der populären Weißkittel-Comedy-Serie. Der ein wenig durchsichtige Plot: Ein Radprofi kollabiert während eines Rennens und wird in die Klinik eingeliefert. Dr. Gregory House, der Spezialist für Infektionskrankheiten, dem Zwerchfelle vertrauen, weigert sich zunächst, den Sportler zu behandeln. Er glaubt, dass der Mann wissentlich mit Steroiden gedopt habe, um seine Leistungen zu optimieren. Auch seine Kollegin Dr. Cameron teilt diese Vorurteile und traktiert den verunglückten Patienten lieber mit wütenden Vorwürfen ob der Vorbildfunktion, die er als beliebter Radsportler für viele Kinder habe.

### BALLANDO CON LE STELLE

Auch an die RAI kann die BBC ihre populäre Show »Dancing with the Stars« verkaufen, die hierzulande »Let's dance« heißt, und bei der vornehmlich B-Promis wahlweise am Nasenring übers Tanzparkett geschleift werden oder ungewohnte Rückenfreiheit gewähren. In der zweiten italienischen Staffel tritt im Herbst 2005 der frisch pensionierte Mario Cipollini an. An der Seite von Marina Aleksejeva stellt er sich unter anderem der übergewichtigen Konkurrenz eines Diego Maradona. Die Schinderei »a la danseuse« ist noch immer nicht die Sache des extrovertierten Sprinter-Stars, aber ansonsten macht er seine Sache gar nicht so übel.

## SOKO LEIPZIG

Sehr erhellend, mit was für einem fulminanten Unsinn die Drehbuchautoren der ZDF-Freitagskrimis auch im Jahre 2000 noch durchkommen. Eine Überfallserie, bei der die Mitarbeiter des Fahrradkurierdienstes »Die Champions« reihenweise von vermummten Kollegen ausgeraubt werden, gipfelt in einem tödlichen Unfall. Gleich als Strippenzieher verdächtig ist der Geschäftsführer des Ladens: Utz Karger, der ehemalige Radrennfahrer, dessen aktive Karriere wegen – Achtung Zitat – »Eheproblemen, Gewichtsproblemen, Drogenproblemen« im Fiasko geendet war. Während der SOKO-Chef den Kerl in die Mangel nimmt, sieht sich Ermittlerin Ina mal in den Umkleidekabinen um, findet natürlich gleich eine verdächtige blaue Pille und darf das Team kurz darauf in einem denkwürdigen Monolog über die Ergebnisse der Gerichtsmedizin in Kenntnis setzen: »EPO«, sagt sie und erntet zunächst nur fragende Gesichter. »Erythropoetin. Ein Aufputschmittel.« Die Folge heißt folgerichtig »Speed«.

## SUPERTREFFER

In der von Kurt Felix moderierten Fernseh-Show produzierte Manfred Nüscheler auf einem Velo-Generator genügend Energie, um 100 Personen elektrisch zu rasieren.

## MONTY PYTHON'S FLYING CIRCUS

Die britische Komikertruppe mit dem abgedrehten Humor beschäftigte sich in ihren Sketchen für die BBC mehrfach auch mit dem Radfahren. In der Episode »Bicycle Repair Man« von 1969 geht es um die Suche nach einem neuen Superhelden, in »The Cycling Tour« von 1972 um Mr. Pither (Michael Palin), der durchs Grüne radeln möchte, dabei ständig stürzt und schließlich im Auto eines Spezialisten für Fahrradunfälle landet, der gleich selbst einen Unfall baut, sich fortan zunächst für Clodah Rogers hält, dann zu Leo Trotski und nach Russland verschleppt wird...

## DAS PERFEKTE PROMIDINNER

Jens Heppner misst sich in einer grenzüberschreitenden Folge an Moderations-Schreckschraube Margarethe Schreinemakers, Scarface-vom-Dienst Claude-Oliver Rudolph sowie einem gewissen M. Meziani, der nur Fans von ARD-Vorabend-Soaps ein Begriff sein dürfte. Den extra engagierten belgischen Kellner lässt er auftischen: Jakobsmuscheln in Safrancremesoße, Perlhuhnbrust mit Sherryrahmsoße und Tarte Tatin. Wir sehen »Heppe«, wie er professionell in eine Kochjacke gehüllt Teller-Deko aus Tomaten schnitzt und das Familiensilber auspackt. Doch all der Aufwand lohnt kaum: »Das ist erste Woche Kochschule!«, mäkelt ausgerechnet Film-Bösewicht Rudolph, der mit 26 Punkten auch nur Vorletzer wird. Immerhin vier Punkte vor dem Ex-Radprofi, der zu dieser Zeit noch den Rennstall eines großen Marken-Broiler-Produzenten leitet.

## DALLI-DALLI / ALLES ODER NICHTS

Mit dem Fachgebiet »Tour de France« räumt Radsportexperte Manfred Marr aus Nürnberg 1980 bei den Quizshow-Straßenfegern von ZDF und ARD alles ab.

## OPERACION TRIUNFO

Juan Carlos Guillamon, 2002 immerhin spanischer Straßenmeister, schafft es singend und tänzelnd bei der iberischen Version der Superstar-Suche unter die letzten Hundert.

## BERÜHMTE RUNDFAHRT-BERGE UND IHRE ERSTBESTEIGER

| | | | |
|---|---|---|---|
| Alto de Abantos | Sierra de Guadarrama | Vuelta 1986 | Alvaro Pino (ESP) |
| Colle dell'Agnello | Alpen | Giro 1994 | Stefano Zanini (ITA) |
| Albulapass | Alpen | T.d.Suisse 1983 | Jostein Wilman (NOR) |
| Col d'Allos | Alpen | Tour 1911 | François Faber (LUX) |
| Alpe d'Huez | Alpen | Tour 1952 | Fausto Coppi (ITA) |
| Alto de l'Angliru | Picos de Europa | Vuelta 1999 | José Maria Jiménez (ESP) |
| Col des Aravis | Alpen | Tour 1912 | Eugène Christophe (FRA) |
| Andorra-Arcalis | Pyrenäen | Vuelta 1994 | Angel Yesid Camargo (COL) |
| Col d'Aspin | Pyrenäen | Tour 1910 | Octave Lapize (FRA) |
| Col d'Aubisque | Pyrenäen | Tour 1910 | François Lafourcade (FRA) |
| Ballon d'Alsace | Vogesen | Tour 1905 | René Pottier (FRA) |
| Pla de Beret | Pyrenäen | Vuelta 1992 | José Martin Farfan (COL) |
| Berninapass | Alpen | T.d.Suisse 1951 | Vittorio Rossello (ITA) |
| Blockhaus | Abruzzen | Giro 1967 | Eddy Merckx (BEL) |
| Brennerpass | Alpen | Giro 1988 | Renato Piccolo (ITA) |
| Col de Burdincurutcheta | Pyrenäen | Tour 1986 | Ronan Pensec (FRA) |
| Calar Alto | Sierra de los Filabres | Vuelta 2004 | Francisco Lara (ESP) |
| Col de la Colombiere | Alpen | Tour 1966 | Fernando Manzaneque (FRA) |
| Cormet de Roselend | Alpen | Tour 1979 | Henk Lubberding (NED) |
| Lagos de Covadonga | Picos de Europa | Vuelta 1983 | Marino Lejarreta (ESP) |
| Col de la Croix-de-Fer | Alpen | Tour 1947 | Fermo Camellini (FRA) |
| Les Deux-Alpes | Alpen | Tour 1998 | Marco Pantani (ITA) |
| Port d'Envalira | Pyrenäen | Tour 1964 | Julio Jiménez (ESP) |
| Passo di Fedaia | Alpen | Giro 1970 | Michele Dancelli (ITA) |
| Colle delle Finestre | Alpen | Giro 2005 | Danilo di Luca (ITA) |
| Flüelapass | Alpen | T.d.Suisse 1935 | Benoit Fauré (FRA) |
| Furkapass | Alpen | T.d.Suisse 1938 | Giovanni Valetti (ITA) |
| Col du Galibier | Alpen | Tour 1911 | Emile Georget (FRA) |
| Passo di Gavia | Alpen | Giro 1960 | Gastone Nencini (ITA) |
| Passo di Giau | Alpen | Giro 1973 | José Manuel Fuente (ESP) |
| Col du Glandon | Alpen | Tour 1947 | Edouard Klabinsky (FRA) |
| Grand Ballon | Vogesen | Tour 1969 | Lucien Van Impe (BEL) |
| Grimselpass | Alpen | T.d.Suisse 1937 | Karl Litschi (SWI) |
| Col de l'Iséran | Alpen | Tour 1938 | Felicien Vervaecke (BEL) |
| Col d'Izoard | Alpen | Tour 1922 | Philippe Thys (BEL) |
| Jaufenpass | Alpen | Giro 1994 | Pascal Richard (SWI) |
| Col de Joux-Plane | Alpen | Tour 1978 | Christian Seznec (FRA) |
| Klausenpass | Alpen | T.d.Suisse 1946 | Gino Bartali (ITA) |
| Lourdes-Hautacam | Pyrenäen | Tour 1994 | Luc Leblanc (FRA) |
| Lukmanier | Alpen | T.d.Suisse 1936 | Augusto Introzzi (ITA) |
| Luz-Ardiden | Pyrenäen | Tour 1985 | Pedro Delgado (ESP) |
| Col de Madeleine | Alpen | Tour 1969 | Andres Gandarias (ESP) |

| | | | |
|---|---|---|---|
| Col de Marie-Blanque | Pyrenäen | Tour 1978 | Michel Pollentier (BEL) |
| Col de Mente | Pyrenäen | Tour 1966 | Joaquim Galera (ESP) |
| Mont-Cenis | Alpen | Tour 1949 | Giuseppe Tacca (ITA) |
| Monte Bondone | Alpen | Giro 1956 | Charly Gaul (LUX) |
| Monte Terminillo | Monti Reatini | Giro 1936 | Giuseppe Olmo (ITA) |
| Col de Montgenèvre | Alpen | Tour 1949 | Gino Bartali (ITA) |
| Mont Ventoux | Alpen | Tour 1951 | Lucien Lazarides (FRA) |
| Passo di Mortirolo | Alpen | Giro 1990 | Leonardo Sierra (VEN) |
| Nufenenpass | Alpen | T.d.Suisse 1972 | Silvano Schiavon (ITA) |
| Orcieres-Merlette | Alpen | Tour 1971 | Luis Ocaña (ESP) |
| Sierra de la Pandera | Sierra de la Pandera | Vuelta 2002 | Roberto Heras (ESP) |
| Col de Peyresourde | Pyrenäen | Tour 1910 | Octave Lapize (FRA) |
| Pla d'Adet | Pyrenäen | Tour 1974 | Raymond Poulidor (FRA) |
| Plateau de Beille | Pyrenäen | Tour 1998 | Marco Pantani (ITA) |
| La Plagne | Alpen | Tour 1984 | Laurent Fignon (FRA) |
| Col de Port | Pyrenäen | Tour 1910 | Octave Lapize (FRA) |
| Col de Porte | Alpen | Tour 1907 | Emile Georget (FRA) |
| Col de Portet d'Aspet | Pyrenäen | Tour 1910 | Octave Lapize (FRA) |
| Pra-Loup | Alpen | Tour 1975 | Bernard Thévenet (FRA) |
| Puy-Mary | Zentralmassiv | Tour 1959 | Louis Bergaud (FRA) |
| Puy-de-Dôme | Zentralmassiv | Tour 1952 | Fausto Coppi (ITA) |
| Col de Puymorens | Pyrenäen | Tour 1919 | Jean Alavoine (FRA) |
| Col de la République | Zentralmassiv | Tour 1903 | Hippolyte Aucouturier (FRA) |
| Rettenbachferner | Alpen | D-Tour 2005 | Levi Leipheimer (USA) |
| Passo di Rolle | Alpen | Giro 1937 | Gino Bartali (ITA) |
| Col de Saisies | Alpen | Tour 1979 | Henk Lubberding (NED) |
| San Bernadino | Alpen | T.d.Suisse 1934 | Francesco Camusso (ITA) |
| Kleiner Sankt Bernhard | Alpen | Tour 1949 | Gino Bartali (ITA) |
| Großer Sankt Bernhard | Alpen | Tour 1949 | Gino Bartali (ITA) |
| Sankt Gotthard | Alpen | T.d.Suisse 1934 | Francesco Camusso (ITA) |
| Colle di Sestriere | Alpen | Giro 1911 | Lucien Petit-Breton (FRA) |
| Alto de Sierra Nevada | Sierra Nevada | Vuelta 1969 | Félipe Yanez (ESP) |
| Stilfser Joch | Alpen | Giro 1953 | Fausto Coppi (ITA) |
| Superbagnères | Pyrenäen | Tour 1961 | Imerio Massignan (ITA) |
| Sustenpass | Alpen | T.d.Suisse 1948 | Jean Robic (FRA) |
| Col du Télégraphe | Alpen | Tour 1912 | Eugène Christophe (FRA) |
| Timmelsjoch | Alpen | Giro 1988 | Daniel Gisiger (SWI) |
| Passo del Tonale | Alpen | Giro 1933 | Alfredo Binda (ITA) |
| Col du Tourmalet | Pyrenäen | Tour 1910 | Octave Lapize (FRA) |
| La Toussuire | Alpen | Tour 2006 | Michael Rasmussen (DEN) |
| Tre Cime di Lavaredo | Alpen | Giro 1967 | Felice Gimondi (ITA) |
| Col de Vars | Alpen | Tour 1922 | Philippe Thys (BEL) |
| Monte Zoncolan | Alpen | Giro 2003 | Gilberto Simoni (ITA) |

## FAHRRADDIEBSTAHL BEI RENNEN...

In den letzten Jahren häufen sich Meldungen, dass Profiradteams unmittelbar vor oder während der Rennen teure Räder aus ihrem Hotel oder aus Transportern gestohlen werden. Bei der Friedensfahrt 2003 ließen die Übeltäter sogar diverse Begleitfahrzeuge mitgehen. Besonders dreist aber gingen mehrere Raddiebe 2000 bei einem Mountainbike-Rennen in der brasilianischen Metropole Sao Paulo zu Werke: Weil es auf der sieben Kilometer langen Runde, die auch durch abgelegene Wald- und Berg-Gebiete führte, immer wieder zu Überfällen auf die Teilnehmer gekommen war, mussten die Organisatoren den Wettbewerb schließlich sogar abbrechen. »Da kamen plötzlich drei Männer hinter einem Baum hervor und wollten mein Rad mitnehmen. Einer war mit einer Pistole bewaffnet, ich bin nur knapp entkommen«, schluchzte der brasilianische Mountainbike-Profi Alexandre Fonseca gegenüber der Presse. Die herbeigerufene Polizei konnte nicht mehr tun, als die Diebstahlsanzeigen aufzunehmen.

## ...UND IN DER STATISTIK

*Ganz gleich welcher Fahrradtyp gefahren wird: Raddiebstähle sind Rennradfahrern ebenso ein Gräuel wie Mountainbikern oder Hollandradbesitzern. Der Allgemeine Deutsche Fahrrad-Club (ADFC) gibt auf seiner Homepage einen Überblick über Diebstahl-Statistiken in Deutschland.*

Gestohlen gemeldete Fahrräder im Jahr 1994: 529.763
Gestohlen gemeldete Fahrräder im Jahr 2006: 368.308

Aufklärungsquote aller polizeilich registrierten Diebstähle im Jahr 2006: 29,7 Prozent
Aufklärungsquote aller polizeilich registrierten Fahrrad-Diebstähle im Jahr 2006: 10,2 Prozent

Erfolgreichstes Bundesland bei der Aufklärung von Fahrraddiebstählen:
Brandenburg mit 19,1 Prozent
Erfolglosestes Bundesland bei der Aufklärung von Fahrraddiebstählen:
Bremen mit 3,9 Prozent

Im Saarland wurden im Jahr 2006 pro 100.000 Einwohner 122 Fahrräder gestohlen.
In Bremen wurden im Jahr 2006 pro 100.000 Einwohner 1.332 Fahrräder gestohlen.
Bundesweit wurden im Jahr 2006 pro 100.000 Einwohner 447 Räder gestohlen.

Die Tatverdächtigen:
Erwachsene ab 21 Jahren: 37,9 Prozent
Jugendliche zwischen 14 und 18 Jahren: 34,4 Prozent
Heranwachsende zwischen 18 und 21 Jahren: 17,6 Prozent
Kinder unter 14 Jahren: 10,1 Prozent

92,7 Prozent der Tatverdächtigen waren männlich.

## RADSPORT-JARGON (3): SPOTT UND HOHN

Abfahren wie ein Bügeleisen
Anklamperer
C-Wanze
Eisdielenposer
Lutscher
Hausfrauenanstieg
Rentnerblatt
Schippe Sand
Schwachhaxler
Sprinten wie ein Kühlschrank
TMC-Werksfahrer
Tourist

## VERWECHSLUNGSGEFAHR

*Radprofis, die den Namen Gonzalez tragen:*

Alejandro Gonzalez / Darwin Gonzalez / David Gonzalez
Domingo Gonzalez / Edwin Gonzalez / Fernando Gonzalez
Guillermo Gonzalez / Hermes Gonzalez / Ivan Gonzalez
John Cunto Gonzalez / José Gonzalez / Josué González
Juan Gonzalez / Juan Luis Gonzalez / Julian Gonzalez
Kiko Gonzalez / Mario Gonzalez / Michel Gonzalez
Oscar Gonzalez / Pablo Gonzalez / Pedro L. Gonzalez
Rafael Gonzalez / Ronald Gonzalez / Victor Gonzalez
Victor Hugo Gonzalez / Ramon Gonzalez Arrieta / Hector Gonzalez Baeza
Jorge Ivan Gonzalez Balaguera / José Maria Gonzalez Barcala
Javier Alberto Gonzalez Barrera / Santos Gonzalez Capilla
Alvaro Gonzalez de Galdeano Aranzabal / Igor Gonzalez de Galdeano Aranzabal
Iñigo González de Heredia Aranzabal / Jacobo Gonzalez Fernandez
Mauro Gonzalez Fontan / Luis Alberto Gonzalez Gallego
Jésus Gonzalez Garcia / Eduardo Gonzalez Gonzalez
Felix Gonzalez Gorostizaga / Arsenio Gonzalez Gutierrez
Aitor Gonzalez Jimenez / Gorka Gonzalez Larrañaga
Jose Antonio Gonzalez Linares / Luis Gonzalez Linares
Freddy Excelino Gonzalez Martínez / Vladimir Gonzalez Martinez
Victor Hugo Gonzalez Melo / Bernardo Gonzalez Minano
Eduardo Gonzalez Pascual / Alexander Gonzalez Peña
José-Maria Gonzalez Perez / José Jaime Gonzalez Pico
Francisco José Gonzalez Prieto / Aurelio Gonzalez Puente
Jonathan Gonzalez Rios / Antonio Gonzalez Rodriguez
Eduardo Gonzalez Salvador / Juan Carlos Gonzalez Salvador

## NAMENSPATRONE VON RADTOURENFAHRTEN

*Nicht wenige Radsportvereine haben ihre RTF nach mehr oder minder berühmten Persönlichkeiten benannt – zum Beispiel, um an verdiente Vereinsmitglieder zu erinnern oder um Sponsoren wie den Armaturenhersteller hansgroge (RSV Alpirsbach-Rötenbach), den Radsporthandel Brügelmann (VC Frankfurt 1883) und den Sanitär- und Heizungsbauer Elbracht (SV Herzebrock) prominent ins rechte Licht zu rücken. In den meisten Fällen aber verkörpern die Namenspatrone einfach im Sinne klassischer Tourismuswerbung als Imageträger die jeweilige Stadt oder Region:*

### TOLLER BOMBERG (Radsportfreunde Münster)

Der Tolle Bomberg ist Titelheld eines später mit Hans Albers verfilmten Romans von Josef Winckler und geht auf eine reale historische Person zurück. Vorlage war Gisbert Freiherr von Romberg, Spross eines finanzkräftigen westfälischen Adelsgeschlechts (1839-1897), der in Dülmen-Buldern aufgewachsen ist. Der Legende nach verhalf er dem Dorf zum kleinsten Bahnhof des Münsterlandes, indem er ständig in unmittelbarer Nähe des Familienschlosses die Notbremse zog, bis die Bahnverwaltung ein Einsehen hatte. Als »Toller Bomberg« wurde der umtriebige Edelmann indes erst durch Wincklers gleichnamiges Buch bekannt. So avancierte er schließlich zum Namenspatron eines Intercity-Zuges, zahlreicher Gaststätten in der Region und eben auch einer RTF.

### KILIANI-RADLTOUR (RSG Würzburg e.V.)

Im Würzburger Raum mag man Kiliani auch einfach als Synonym für Jahrmärkte verstehen, eigentlich verbirgt sich hinter dem Begriff jedoch der jeweils am 8. Juli gefeierte Namenstag des Heiligen Kilian. Der auf diese Weise geehrte war Ire, Bischof und Missionar und brachte vor seinem Märtyrertod Ende des 7. Jahrhunderts noch rechtzeitig das Christentum nach Unterfranken.

### RUND UM DIE MELANCHTONSTADT BRETTEN (RSC Bretten e.V.)

Der als treibende Kraft der Reformation und »Paeceptor Germaniae« in den Geschichtsbüchern geführte Philosoph, Dichter und Theologe wurde in Bretten im Kraichgau geboren.

### JAN-WELLEM-TOUR (RRV Jan Wellem Düsseldorf 1970 e.V.)

So wie heute manch mächtiger Mann gleichzeitig im Kabinett, im Parlament und in den Aufsichtsräten von zig börsennotierten Unternehmen sitzen kann, durfte auch Johann Wilhelm von der Pfalz nicht über Armut an Pöstchen und Titeln klagen: Seit 1679 war der Hochwohlgeborene, den sie »Jan Wellem« nannten, Herzog von Jülich und Berg, von 1690 an zudem auch Erzschatzmeister des Heiligen Römischen Reiches, Kurfürst von der Pfalz und Herzog von Pfalz-Neuburg. In Düsseldorf, das unter ihm eine wirtschaftliche und kulturelle Blüte erlebte, ist der Barockfürst mit dem üppigen Zweithaar bis heute in Form eines Reiterstandbildes auf dem Marktplatz präsent.

### LÖNSLAND-RUNDFAHRT (SG Bomlitz-Lönsheide)

Noch zu Lebzeiten wurde Hermann Löns (1866-1914) zum Mythos als Jäger, Naturforscher und Heimatdichter, der – »Valleri Vallera ha ha ha« – das Landschaftsideal der Heide beschwor.

**CARL-SCHURZ-RTF (RSC Liblar)**

Klingt in manchen Ohren zunächst wie eine Tour in Gedenken an einen rührigen Vereinsvorstand, ehrt aber in Wirklichkeit einen im März 1829 in Liblar bei Köln geborenen Reformer, der international Geschichte geschrieben hat. Zunächst daheim in deutschen Landen als treibende Kraft der Märzrevolution, später im politischen Exil als erster gebürtiger Deutscher, der Mitglied des amerikanischen Senates wurde.

**WENDELINUS-FAHRT (RSC Haustadter Tal Reimsbach e.V.)**

Der Heilige Wendelin, der Sage nach zu Teleportationswundern samt Schafherde in der Lage, hat sich im 6. Jahrhundert als Missionar rund um Trier betätigt. Seine Gebeine ruhen angeblich in der Wendalinusbasilika in der nach ihm benannten Stadt St. Wendel.

**ST. CHRISTOPHORUS-RUNDFAHRT (RSC 79 Werne e.V.)**

Gleich der nächste Heilige. Der Schutzpatron der Reisenden, der den kleinen Jesus über den Fluss gehievt haben soll, sorgt nicht nur für einen schwunghaften Absatz von Medaillen, sondern muss mit seinem Namen für so manches gerade stehen. Im westfälischen Werne ist eigentlich alles nach ihm benannt: Die katholische Pfarrgemeinde. Das Privatgymnasium. Das Krankenhaus. Die Apotheke. Die RTF.

**MAXIMILIANTOUR (Radteam Hamm)**

Die Einwohner des nahen Hamm halten sich lieber an einen anderen Namenspatron, seit zu Beginn des 20. Jahrhunderts die beiden Schächte der Zeche »Maximilian« abgeteuft wurden. Die Zeche gehörte zur bayerischen Maxhütte und wurde folglich ebenfalls nach dem damaligen Prinzregenten von Bayern benannt.

**TINEFAHRT (RSV Husum e.V.)**

Eine wohltätige Fischersfrau, die auf dem Brunnen am Husumer Marktplatz recht buschikos und in Holzschuhen daherkommt, gilt als Wahrzeichen der grauen Stadt am Meer: Anna Catharina »Tine« Asmussen.

**RTF UM DIE THOMASSTADT (RSC 1922 Kempen e.V.)**

In Gedenken an einen Bestseller-Autor. Doch weder Thomas Mann noch Gordon Thomas sind gemeint. Sondern: Thomas von Kempen, Augustiner-Mönch im 15. Jahrhundert und Verfasser von »*De imitatione Christi*«, des zweitmeist gelesenen Buches des Spätmittelalters.

**FONTANE-TOUR (RSV 94 Fürstenberg/Havel e.V.)**

Im Landkreis Oberhavel sollen wir nicht nur auf des Dichters Spuren durch die Mark Brandenburg wandern, sondern auch Rad fahren.

**PAPST-CLEMENS-GEDÄCHTNIS-RTF (MTV Eintracht von 1887 Hornburg e.V.)**

Der spätere Papst Clemens II. wurde im Jahr 1005 in Hornburg bei Wolfenbüttel geboren und auf den Namen Suidger getauft. Als Bischof von Bamberg begleitete er König Heinrich III. nach Rom und wurde auf dessen Bestreben am 1. Weihnachtstag 1046 zum Heiligen Vater ernannt.

## DIE BAHNLINIEN

*Auf die Bahn werden drei Linien in Fahrtrichtung aufgebracht:*

**»Messlinie« (früher »Mallinie«): schwarz**

Ihre Länge stimmt mit der offiziell ausgewiesenen Bahnlänge überein. Um ein »Abkürzen« zu verhindern, werden bei Meisterschaftszeitfahren in den Kurven Kunststoffkeile unterhalb der Messlinie auf die Bahn gelegt, um diesen Bahnteil zu sperren. Der 20 cm unterhalb der Messlinie liegende Teil der Bahn heißt wegen des hellblauen Farbanstriches »Côte d'Azur« oder »Teppich« und dient als Übergang zwischen Innenraum und der eigentlichen Bahnfläche. Die Breite der »Côte d'Azur« beträgt mindestens 10 Prozent der Bahnbreite. An der Messlinie ist alle 10 m die ab dem Ziel zurückgelegte Strecke in Metern angebracht.

**»Sprinterlinie«: rot**

Sie ist im Abstand von 70 cm zur Messlinie aufgebracht. Fährt ein Fahrer unterhalb dieser Linie, darf er im Sprint nicht links (also innen) überholt werden. Fährt er oberhalb dieser Linie und wird innen überholt, darf er nicht »dichtmachen«, d. h. er darf nicht nach unten schwenken und den angreifenden Fahrer an der Überholung hindern – es sei denn, er hat mindestens eine Radlänge Vorsprung.

**»Steherlinie«: blau**

Sie erfüllt verschiedene Zwecke und ist etwa nach 2/3 der Fahrbahnbreite, mindestens aber 2,50 m vom Innenrand der Fahrbahn angebracht. Bei Steherrennen erfüllt sie eine ähnliche Funktion wie die rote Linie im Sprint, d. h. angegriffene Steher müssen unterhalb der blauen Linie bleiben und dürfen dann nicht links überholt werden. Bei Zweier-Mannschaftsrennen fahren die abgelösten Fahrer (langsamer) oberhalb der blauen Linie, um die im Rennen befindlichen Fahrer nicht zu behindern.

*Weitere Markierungen finden sich quer zur Fahrtrichtung:*

**»Ziellinie«: schwarz-weiß**

Die Ziellinie wird kurz vor Ende der Zielgeraden quer über die Fahrbahn gezogen. Es ist eine 72 cm breite, weiße Markierung aufzubringen und in der Mitte mit einem 4 cm breiten, schwarzen Zielstrich zu versehen.

**»Verfolgerlinien«: rot**

Genau in der Mitte der beiden Geraden sind quer über die Fahrbahn die jeweils 4 cm breiten, roten Verfolgerlinien aufgebracht. Sie bezeichnen Start und Ziel der Verfolgungswettbewerbe und reichen bis zur Hälfte der Bahnbreite.

**»200-m-Linie«: weiß**

200 m vor dem Ziel wird quer über die Fahrbahn eine weiße, 4 cm breite Linie gezogen, die den Abstand zum Ziel anzeigt und als Messlinie für die letzten 200 m im Sprint dient. Bei 200-m-Bahnen ist diese Linie nicht vorhanden.

## RADSPORTLER IN DER POLITIK

| | | |
|---|---|---|
| Edwig van Hooydonck | 2-facher Sieger der Flandernrundfahrt | Stadtrat für die Flämischen Liberaldemokraten in Wuustwezel |
| Jens Lehmann | Olympiasieger und 6-facher Weltmeister als Bahnverfolger | CDU-Stadtrat in Leipzig; als Direktkandidat bei Wahlen zum Land- und Bundestag bisher gescheitert |
| Jürgen Kraft | Deutscher Straßenmeister 1977 | Mitarbeiter der CDU-Fraktion im Berliner Abgeordnetenhaus; beging 2002 Selbstmord, nachdem er nach einer Wahlniederlage entlassen worden war |
| Gustav-Adolf Schur | Amateur-Straßenweltmeister, 2-facher Friedensfahrt-Sieger | Abgeordneter in der Volkskammer der DDR (1959-1990) und für die PDS von 1998 bis 2002 Mitglied des Deutschen Bundestages |
| Franz-Josef Strauss | Süddeutscher Straßenmeister '34 | Ministerpräsident des Freistaates Bayern, Bundesminister für besondere Aufgaben, für Atomfragen, der Verteidigung und der Finanzen |
| Andrei Tschmil | Sieger bei Mailand-San Remo, Paris-Roubaix, Flandernrundfahrt | Sportminister Moldawiens von 2006 bis 2008 |

## DIE VIELEN NATIONALITÄTEN DES ANDREI TSCHMIL

UdSSR
Russland
Ukraine
Moldawien
Belgien

## GROUPE-SPORTIF.COM: TEAMNAMEN ALS LINKS

RC Bikepalast.com Salzburg ¤ fdjeux.com ¤
Team Cyclingnews.com-Down Under ¤ ibanesto.com ¤
Kodakgallery.com-Sierra Nevada Brewing ¤
Team Moser-AH.nl ¤ Team Nerac.com Professional Cycling ¤
Team Notebooksbilliger.de ¤ Outdoorlights.com Pro Cycling ¤
Palmans-Collstrop-MrBookmaker.be ¤ P-Nívó-Betonexpressz 2000-KFT.se ¤
Recycling.co.uk-MG-Xpower-Litespeed ¤ SouthAustralia.com-AIS ¤
Sportsbook.com Cycling Team-Acrow Bridges ¤
Successfulliving.com presented by Parkpre ¤
Unibet.com

## RADSPORT-JARGON (4): DIE METAPHORIK

**Das Affenkotelett** ... *taucht in solchen Listen als Synonym für Bananen ebenso regelmäßig auf wie ...* **Das Astronautensperma** ... *für glibberiges Energy-Gel aus dem kleinen Alubeutel – ohne dass irgendjemand halbwegs bei Sinnen diese Begriffe jemals auf einem Rennrad verwendet hätte.* +++ **Der Ausreißer** ... *macht sich mitnichten still und heimlich aus dem Staub, sondern um die Farben seines Sponsors an der Spitze des Rennens telegen in Szene zu setzen.* +++ **Der Auto- bzw. Omnibus** ... *bringt bei Bergetappen auch die weniger kletterfesten Sprinter zumeist fahrplangemäß kurz vor Toreschluss ins Ziel.* +++ **Der belgische Kreisel** ... *dreht sich auch im frisch von vorn wehenden Nordseewind scheinbar spielerisch leicht, wenn eine Formation von Könnern am Werk ist, die das Spiel mit Windschatten und laufenden Führungswechseln perfekt beherrscht.* +++ **Die Berghärte** ... *ist keine Frage von Granit oder Tuffstein, sondern lediglich eines entsprechenden Kraft- und Ausdauertrainings bei anfänglich verfluchten Steigungsprozenten.* +++ **Der Besenwagen** ... *fährt auch unter der Bezeichnung »Lumpensammler« ganz am Ende des Corsos. Einst, um tatsächlich die ausgestiegenen Fahrer zum Teil gleich massenweise aufzufegen. Heute vornehmlich als Zeichen, dass das Ende des Rennens erreicht ist und die Strecke wieder betreten und befahren werden darf.* +++ **Die Bonifikation** ... *schreibt den Fahrern leider keine steuerfreien Sonderzahlungen, sondern lediglich ein paar Sekunden gut.* +++ **Der Dackelschneider** ... *ist ein sehr schmaler Rennradreifen.* +++ **Die Defekthexe** ... *bleibt gefürchtet wie ehedem, auch wenn der Profi von heute den mobilen Pannendienst eigentlich immer in der Nähe weiß.* +++ **Der Domestike** ... *ist zwar kein Sklave mehr, verbraucht aber dennoch häufig Kalorien wie im Steinbruch, ohne dass er selbst Meriten ernten könnte.* +++ **Der Edelhelfer** ... *sollte sich auch als Leibgardist seines Captains zu nichts zu fein sein.* +++ **Die falsche Ebene** ... *weiß Steigungsprozente weitaus besser zu kaschieren als ein italienisch geschnittenes Radtrikot jegliches Hüftgold.* +++ **Die große Schleife** ... *bleibt als letztes Synonym, wenn »Tour de France« und »Frankreich-Rundfahrt« in einem Artikel schon mehrfach verbraten wurden.* +++ **Der Hinterradlutscher** ... *fühlt sich, weiß man ihn im eigenen Rücken, nicht minder eklig an, als würde er diesem Gewerbe buchstäblich nachgehen.* +++ **Der Jour sans** ... *ist der Tag, an dem rein gar nichts geht.* +++ **Der Kampf gegen die Uhr** ... *kennt höchstens einen Verlierer. Und zwar nie die Uhr.* +++ **Der Kapitän** ...*verlässt gerne auch mal als Erster das Schiff, wenn es für ihn nicht läuft.* +++ **Die Kartoffeljagd** ... *zermürbt den Fahrer, der hoffnungslos zwischen Baum und Borke hängt, also zwischen Spitzengruppe und Feld.* +++ **Die kleine Wäsche** ... *wird am ersten Tag einer Tour de France gewaschen, an dem ein bisschen Klassement gemacht wird.* +++ **Die Kombine** ... *bezeichnet die nicht ganz regelkonforme, strategische Allianz zwischen Fahrern unterschiedlicher Teams.* +++ **Die Königsetappe ...** *scheint allmählich zur beliebigen Vokabel für Bergetappen aller Art zu degenerieren.* +++ **Der Krebs des Tages** ... *hat auf der aktuellen Etappe mehr Platzierungen im Gesamtklassement eingebüßt als alle Konkurrenten.* +++ **Das Kriterium ...** *meint im Radsport kein Unterscheidungsmerkmal, sondern ein Rund-um-den-Kirchturm-Rennen auf einem kurzen, verwinkelten Rundkurs, bei dem sich die Platzierung traditionell durch laufende Punktesprints ergibt.* +++ **Der Mann mit dem Hammer ...** *holt mehr oder minder wortwörtlich den Fahrer vom Rad, der sich übernommen oder nicht angemessen verpflegt hat. Üblicherweise geschieht dies im Hochgebirge, sodass der berühmte Radsportkarikaturist René Pellarin, genannt »Pellos«, die Gipfel von Galibier, Tourmalet & Co. gern als fies grinsende Gestalten mit Hammer in der Hand dargestellt hat.*

**Die Marschtabelle** ... *erinnert daran, dass das Vokubular des Radsports zunächst ein ziemlich martialisches und kriegerisches war, bleibt selbst aber lediglich ein Stück Papier, das höchstens die Terminierung der TV-Zeiten zu beeinflussen weiß – nicht indes den Rennverlauf.* +++ **Die Monumente** ... *sind weder als Erinnerung gedacht noch imposante Landmarken oder in Stein gehauen, sondern lediglich die fünf oder sechs in ihrer Bedeutung und Tradition besonders großen Eintagesrennen von Mailand–San Remo bis zur Lombardei-Rundfahrt.* +++ **Die Moral** ... *muss stimmen. Zwar verpflichten die ungeschriebenen Gesetze des Metiers dessen Protagonisten bis heute, demütig zu warten, wenn ein Favorit zu Fall kommt oder pinkeln muss, doch wenn ein Tour-Reporter behauptet, die Moral dieses oder jenes Fahrers sei gut, meint er das mitnichten im Sinne Ciceros oder Kants. Eine intakte Moral, das heißt im Radsportjargon: Gute Beine und dazu eine mentale Willensstärke, die den Motor des Herzkreislaufsystems derart auf Hochtouren ächzen lässt, dass die willigen, mit den Pedalen arretierten Kolben tatsächlich so nimmermüde kurbeln wie die einer preußischen P8-Lokomotive.* +++ **Nur mit Mineralwasser** ... *ist eine Möglichkeit, »frei von Doping« zu sagen, ohne das böse D-Wort überhaupt in den Mund zu nehmen.* +++ **Die Neutralisation** ... *ist kein kriegerischer Euphemismus für die »völlige Vernichtung der Gegner«, sondern meint lediglich die ersten Kilometer bis zum offiziellen Start, bei denen das Feld noch gemäßigt hinter dem Führungsfahrzeug dahinrollt.* +++ **Die Palmares** ... *eines Rennfahrers führen alle Siege und Platzierungen auf, die er im Laufe seiner Karriere erstrampelt und ermauschelt hat.* +++ **Der Panthersprung** ... *ist der verzweifelte, oft genug aber sehr effektive Versuch des Sprinters, das eigene Vorderrad durch explosive Verlagerung des Körpergewichts vor der Konkurrenz über den Zielstrich zu drücken..* +++ **Der Patron** ... *darf sich freuen, dass vor ihm, dem Siegfahrer mit der natürlichen Autorität, alle im Peloton kuschen – ganz so, als ob er Hausrecht in der Kneipe hätte.* +++ **Die Pizza am Bein** ... *kommt zum Vorschein, wenn ein Fahrer bei einem Sturz »Tapete gelassen« hat.* +++ **Das Pizzablech** ... *umschreibt spöttisch das Aussehen des auch als »Rettungsring« bezeichneten größten Ritzels.* +++ **Der Prolog** ... *schafft als Miniaturzeitfahren schon am Tag vor der ersten richtigen Etappe Tatsachen – genau wie in der Literatur.* +++ **Die Rampe** ... *ist die steile Bühne für explosive Kletterer und meist »giftig« oder zumindest »selektiv«.* +++ **Der Rennstall** ... *wurde als Radsportgebriff ebenso wie »Equipe«, »Form« und »Doping« dem Vokabular des Pferdesports entlehnt.* +++ **Die Überführungsetappe** ... *sollte als Radsportvokabel schleunigst begraben werden, seit solche Tagesabschnitte zwischen den Bergetappen oft genug eben keine heimlichen Ruhetage sind, sondern einen animierten Rennverlauf versprechen, der ob ständiger Ausreißversuche hohe Aufmerksamkeit und gute Beine verlangt.* +++ **Die Tenöre** ... *sind die gleichermaßen empfindlichen wie extrovertierten Sprinterseelen.* +++ **Der Teufelslappen** ... *baumelt – dreieckig und rot – tausend Meter vom dem Zielstrich über der Straße.* +++ **Die Tour d'Honneur** ... *wird bei der Tour de France auf den Champs Élysées gefahren, noch bevor der letzte Rennkilometer absolviert, der letzte Sprint entschieden ist.* +++ **Die Verpflegungskontrolle**.... *heißt immer noch so, obwohl längst kein Kommissär mehr mit Stempelkissen wartet.* +++ **Der Wasserträger** ... *hat häufig genau das zu erledigen: Trinkflaschen vom Auto holen und zu den Kollegen nach vorn ins Feld bringen. Eine akrobatische Zirkusnummer, bei der bis zu 18 Bidons im Trikot verschwinden.* +++ **Der Wiegetritt** ... *ist nicht mit dem Wiegeschritt aus dem Tanzkurs zu verwechseln, auch wenn der Franzose »a la danseuse« raunt, wenn ein Fahrer aus dem Sattel geht.* +++ **Die Windkante** ... *trifft v.a. den Fahrer hart, der keinen Platz mehr in der Fächerformation der »Windstaffel« findet, die sich bei schräg von vorn einfallenden Böen rasch bildet.*

## ERSTE »KLASSIKER«-SIEGE NACH NATION

| | | | |
|---|---|---|---|
| 1891 | Großbritannien | George P. Mills | Bordeaux–Paris |
| 1891 | Frankreich | Charles Terront | Paris–Brest–Paris |
| 1892 | Belgien | Léon Houa* | Lüttich–Bastogne–Lüttich |
| 1895 | Dänemark | Charles Meyer | Bordeaux–Paris |
| 1895 | Österreich | Ferenc Gerger* | Bordeaux–Paris |
| 1896 | Deutschland | Josef Fischer | Paris–Roubaix |
| 1905 | Italien | Giovanni Gerbi | Lombardei-Rundfahrt |
| 1909 | Luxemburg | François Faber | Paris–Brüssel |
| 1914 | Schweiz | Oscar Egg | Paris–Tours |
| 1931 | Australien | Hubert Opperman | Paris–Brest–Paris |
| 1947 | Niederlande | Theo Middelkamp | WM Brest |
| 1957 | Spanien | Miguel Poblet | Mailand–San Remo |
| 1959 | Irland | Seamus Elliott | Omloop Het Volk |
| 1983 | USA | Greg LeMond | WM Altenrhein |
| 1983 | Schweden | Tommy Prim | Paris–Brüssel |
| 1986 | Portugal | Acacio Da Silva | Meisterschaft von Zürich |
| 1987 | Norwegen | Dag Otto Lauritzen | Rund um den Henninger Turm |
| 1989 | Kanada | Steve Bauer | Meisterschaft von Zürich |
| 1991 | Sowjetunion | D. Abdushaparov | Gent–Wevelgem |
| 1992 | Mexiko | Raul Alcala | Clasica San Sebastian |
| 1994 | Kolumbien | Oliviero Rincon | Classique des Alpes |
| 1997 | Ukraine | Andrei Tschmil | Paris–Tours |
| 1999 | Polen | Grzegorz Gwiazdowski | Meisterschaft von Zürich |
| 1999 | Lettland | Romans Vainsteins | Paris–Brüssel |
| 2000 | Litauen | Raimondas Rumsas | Lombardei-Rundfahrt |
| 2003 | Kasachstan | Alexandre Vinokourov | Amstel Gold Race |

* Amateure

## VON WEGEN EWIGER ZWEITER

*Die Erfolge des Raymond Poulidor (Auswahl):*

Paris–Nizza 1972, 1973
Mailand–San Remo 1961
Critérium National 1964, 1966, 1968, 1971, 1972
Katalanische Woche 1971
Flèche Wallonne 1963
Vuelta 1964
Dauphiné Libéré 1966, 1969
Midi Libre 1973
Französischer Meister 1961
Grand Prix des Nations 1963
Kriterium der Asse 1972

## ALTERSKLASSEN-WELTREKORDE

*Die im Zeitfahren besonders beanspruchte Kraftausdauer lässt sich mit fortschreitendem Alter offenbar besser aufrechterhalten als explosive Schnellkraft.*

### Stundenweltrekorde

| | | | |
|---|---|---|---|
| Elite | 49,700 km | Ondrej Sosenka (RUS) | 19.07.2005 - Krylatskoje/RUS |
| 30-34 Jahre | 47,764 (- 3,9%) | Curtis Gunn (USA) | 20.11.2004 - Carson/USA |
| 35-39 | *unbesetzt* | | |
| 40-44 | 45,189 (- 9,1%) | Neal Stansbury (USA) | 14.09.2003 - Manchester/GBR |
| 45-49 | 49,361 (- 0,7%)* | Kent Bostick (USA) | 25.09.1999 - Manchester/GBR |
| 50-54 | 44,89 (- 9,7%) | Maas van Beck (NED) | 19.10.2006 - Amsterdam/NED |
| 55-59 | 44,549 (- 10,4%) | Steven Lehman (USA) | 22.09.2002 - Manchester/GBR |
| 60-64 | 43,685 (- 12,1%) | Kevin Gill (GBR) | 19.08.2007 - Newport/GBR |
| 65-69 | 42,045 (- 15,4%)* | Derek Hodgins (GBR) | 23.03.1999 - Manchester/GBR |
| 70+ | 39,635 (- 20,3%) | Frans Braat (NED) | 19.10.2006 - Amsterdam/NED |

** nach altem UCI-Reglement erzielt*

### Bahnsprint-Weltrekorde (200 Meter)

| | | | |
|---|---|---|---|
| Elite | 9,772 Sek. | Theo Bos (NED) | 16.12.2006 - Moskau/RUS |
| 30-34 Jahre | 10,333 (+ 5,7%) | Stephen Alfred (USA) | 06.08.2002 - Colorado Springs/USA |
| 35-39 | 10,598 (+ 8,5%) | Stephen Alfred (USA) | 04.08.2004 - Colorado Springs/USA |
| 40-44 | 10,939 (+ 11,9%) | Don Langley (USA) | 06.08.2002 - Colorado Springs/USA |
| 45-49 | 11,117 (+ 13,8%) | Peter Barnard (AUS) | Oktober 2007 - Sydney/AUS |
| 50-54 | 11,140 (+ 14,0%) | Butch Stinton (AUS) | 06.08.2002 - Colorado Springs/USA |
| 55-59 | 11,618 (+ 18,9%) | Ron Boyle (AUS) | 2003 - Manchester/GBR |
| 60-64 | 11,473 (+ 17,4%) | Victor Copeland (USA) | 06.08.2002 - Colorado Springs/USA |
| 65-69 | 12,528 (+ 28,2%) | Luigi Fabbri (ITA) | 04.08.2004 - Colorado Springs/USA |
| 70+ | 12,781 (+ 30,8%) | Ruben Martinez (BOL) | 13.05.2007 - La Paz/BOL |

## KEIN DEUTSCHES JAHR

*1936 durfte der Bund Deutscher Radfahrer ein neunköpfiges Team zur Tour de France entsenden. Doch bereits nach zwei Dritteln der Rundfahrt war kein Fahrer der Nationalmannschaft mehr dabei.*

| | | |
|---|---|---|
| 11 | Bruno ROTH | Aufgabe bei der 6. Etappe |
| 12 | Otto WECKERLING | Disqualifikation bei der 14. Etappe |
| 13 | Erich HÄNDEL | Disqualifikation bei der 14. Etappe |
| 14 | Emil KIJEWSKI | Aufgabe bei der 6. Etappe |
| 15 | Erich BAUTZ | Aufgabe bei der 6. Etappe |
| 16 | Rudolf RISCH | Aufgabe bei der 4. Etappe |
| 17 | Hans WEISS | Aufgabe bei der 13. Etappe |
| 18 | Josef ARENTS | Nicht gestartet bei der 5. Etappe |
| 19 | Fritz FUNKE | Aufgabe bei der 8. Etappe |

## DIE ZUTATEN VON JEFKES BIDON

*Bevor er als Enthüllungsautor Schlagzeilen machte, war der Belgier Jef D'hont vor allem für den Zaubertrunk berühmt-berüchtigt, den er als Pfleger in Trinkflaschen angerührt hatte. Unzählige Fahrer schwörten damals auf und raunten über den Schnellmacher von »Jef Bidon«, mit dem man offenbar problemlos durch jede Kontrolle kam. Doch was lange als Kronjuwel unter den Dopingprodukten galt, nahm sich nach Einschätzung seines Erfinders im Vergleich zu anderen Präparaten eher harmlos aus. Die Inhaltsstoffe:*

| | |
|---|---|
| **Koffein** | die Hauptzutat |
| **Persantine** | ein durchblutungsförderndes Mittel, das die Herzkranzgefäße erweitert und so die Blutverteilung im Körper verbessert und schlecht durchblutete Herzmuskelregionen besser versorgt |
| **Alupent** | ein die Bronchien erweiternder Wirkstoff, der zwar auf der Dopingliste stand, aber auf den – wie D'hont in Diensten von Flandria eher zufällig herausfand – lange Zeit nicht kontrolliert wurde |
| **Animine** | eine Tablette für die mysteriös wirkende bläuliche Farbe |

## TEAMHOTELS

*Übernachtungspreise in Schweizer Franken für ein mit zwei Personen belegtes Doppelzimmer in den 16 von der Renndirektion zugeteilten Hotels, in denen der Tross der Tour de Suisse 2008 nach der 2. Etappe mit Ziel in Flumserberg nächtigte:*

| | | | |
|---|---|---|---|
| Grand Hotel Bad Ragaz | Bad Ragaz | 375-3600 CHF | Direktion |
| Schloss Ragaz | Bad Ragaz | 234-300 | UCI |
| Parkhotel | Bad Ragaz | 190-220 | Saunier Duval |
| Hotel Fortuna | Bad Ragaz | 186-230 | Euskaltel-Euskadi |
| Swiss Heidi Hotel | Maienfeld | 180 | Bouygues Telecom, Caisse D'Epargne, Cofidis |
| Hotel Churfirsten | Walenstadt | 160 | Ag2r, Crédit Agricole |
| Hotel Siesta | Flumserberg | 160 | Team Volksbank |
| Gasthof Rössli | Bad Ragaz | 140-180 | Liquigas |
| Hotel Post | Sargans | 140 | Milram, BMC Racing Team |
| Hotel Madils | Flumserberg | 136 | High Road |
| Hotel Seehof | Walenstadt | 130 | CSC |
| Hotel Tannenboden | Flumserberg | 130 | Lampre, Quick Step |
| Hotel Garni Mätzwiese | Flumserberg | 126 | Gerolsteiner |
| Hotel Knobelboden | Oberterzen | 120-130 | Francaise des Jeux, Silence-Lotto |
| Hotel Ritterhof | Sargans | 120 | Astana |
| Hotel Schiffahrt | Mols | 110 | Rabobank |

## BERLINER KNEIPENTOUR

*Gaststätten, die zu Beginn der 60er Jahre wöchentliche oder vierzehntägige Vereinstreffen von Westberliner Radsportklubs beherbergten:*

| | |
|---|---|
| Artistenklause, Kirchhofstraße | Neuköllner Radfahrer-Vereinigung 1897 |
| Lokal Bruno Brenning, Afrikanische Straße | Berliner Radfahrer-Verein Sturmvogel 1900 |
| Clubhaus am Fehrbelliner Platz | Berliner Bicycle Club Germania 1883 e.V. |
| Dankckelmannhütte, Danckelmannstraße | Radsport-Club Falke Charlottenburg 1924 |
| Dorfkrug, Mariendorfer Damm | Rad-Sport-Club Mariendorf 1926 |
| Fernmeldebauamt 3, Ringbahnstraße | Post-Sport-Verein Berlin e.V. |
| Restaurant Flughafen, Lilienthalstraße | Berliner Radfahrer-Club Zugvogel 1901 |
| Restaurant Gletscher, Fulhamer Allee | Radfahrer-Verein Möwe Britz 1897 |
| Lokal Hoffmann, Weserstraße | R.V. Panne Neukölln 1931 |
| Kur-Eck, Lutherstraße | Spandauer Radsport-Verein 1891 |
| Markt-Klause, Schillerpromenade | Berliner RC Alberto-Diamant 07 |
| Putlitz-Quelle, Putlitzstraße | Radsport-Vereinigung Moabit 1920 |
| Restaurant Sängerheim, Urbanstraße | BRV Arminius 1894 |
| Lokal Scheffler, Crellestraße | Schöneberger Radfahrer-Verein Cito 1912 |
| Lokal Schultheiss, Wipperstraße | Radfahrer-Verein Sport 1888 e.V. |
| Schultheiß am Hindenburgdamm | Radsport-Verein Steglitz 1952 e.V. |
| Schwab-Eck, Provinzstraße | Berliner-Radfahr-Club Defekt 1902 |
| Gaststätte See-Eck, Seestraße | R.V. Berlin 1896 |
| Sport-Casino Stieler, Kaiser-Friedr.-Str. | R.C. Pfeil Charlottenburg 1897 |
| Sport-Kasino, Wegscheider Straße | Spandauer RC Wanderer 1885/1893 |
| Markthallenrestaurant Steffen, Pücklerstraße | Kreuzberger RV von 1889/1929 e.V. |
| Stadtschänke, Boddinstraße | Rennfahrer-Vereinigung Luisenstadt 1910 |
| Lokal Thiemer, Kameruner Straße | BRC Endspurt 1911 e.V. |
| Zum Benno, Crellestraße | Schöneberger RV Iduna 1910 |
| Zum Feigenbaum, Bredowstraße | Rad-Sport-Club Berolina 1929 |
| Zur Hütte, Quitzowstraße | B.R.C. Grün-Weiß 1921 |
| Zur Sängerklause, Hallenstraße | Radsportverein Lichterfelde |
| Zur weißen Taube, Schulstraße | Berliner Radsport-Club Derby 1926 |

## EIN JAHR OHNE GIRO-SIEGER

*1912 gab es beim Giro d'Italia keinen Sieger. Zumindest keinen Einzelstarter. Der Grund: Zum einzigen Mal in der Geschichte wurde die Italien-Rundfahrt nicht als Einzelwertung ausgetragen, sondern als Mannschaftswettbewerb. Mit folgendem Ergebnis:*

1.) Atala
2.) Peugeot
3.) Gerbi
4.) Göricke
5.) Globo
6.) Legnano

## EIN BISSCHEN FARBENLEHRE

In Zeiten von U.S. Postal zogen die Vasallen von Lance Armstrong als **BLUETRAIN** in die Schlacht. ¤ ¤ **CELESTE** heißt die Hausfarbe von Bianchi, in der die traditionsreiche Rennradschmiede nicht nur unzählige Rahmen lackierte, sondern auch so manchen von ihr gesponserten Rennstall ins Rennen schickte. ¤ ¤ Das Leadertrikot der Tour de Suisse wird auch als »**GOLDSACK**« bezeichnet. ¤ ¤ »**GRÜNES BAND**« hieß mehrere Jahre lang eine Rennserie für deutsche Amateure. ¤ ¤ Die Investitionen des Telekom-Konzerns in ein Radsport-Team haben sich insofern bezahlt gemacht, dass heute ein ganzes Volk die Hausfarbe des Unternehmens im Schlaf aufsagen kann: **MAGENTA**. ¤ ¤ Um seinen Wandel vom eher bulligen Klassiker- und Etappenjäger zum idealen Rundfahrer sowie seine unsägliche Dominanz bei der Tour de France zu erklären und die latenten Dopingvorwürfe zu entkräften, griff Lance Armstrong gerne auf eine Studie zurück, die Edward Coyle von der Universität Texas vorgelegt hatte. Demnach sei es dem x-fachen Tour-Sieger gelungen, den Anteil der **ROTEN MUSKELFASERN** (»Typ-1«) im Zeitraum von 1993, dem Jahr seines WM-Triumphs in Oslo, bis zu seinem Comeback nach überstandener Krebserkrankung in der Saison 1999 von sechzig auf achtzig Prozent zu erhöhen. Diese seien deshalb für Ausdauersportler von besonderer Bedeutung, weil sie zwar langsamer auf äußere Reize reagieren als weiße Fasern, aber wesentlich später ermüden. Pech für Armstrong und Coyle: Der Forscher musste mittlerweile einräumen, dass ihm bei seinen Berechnungen Fehler unterlaufen sind. ¤ ¤ Als »**ROTE BRIGADE**« war die Equipe gefürchtet, die unter Leitung von »Lomme« Driessens zunächst für den Sponsor Guerra, später für Faema und Flandria ihren bärenstarken Kapitän Rik Van Looy von Sieg zu Sieg lotste. ¤ ¤ Im Sommer 2005 wurde das dänische Radsport-Team CSC beschuldigt, systematisch Dossiers über Journalisten angelegt und eine **SCHWARZE LISTE** mit missliebigen Berichterstattern erstellt zu haben. Eine Spur härter ging es in Spanien zu, wo Juan Antonio Gutiérrez von der Sporttageszeitung *AS* am Rande der Mallorca-Rundfahrt eine Anzeige gegen Teamchef Vicente Belda und mehrere Fahrer des Rennstalls Valencia erstattete: Der Sportdirektor des Kelme-Nachfolgers habe mit einer Geste eine Pistole imitiert, auf ihn gezielt und mit der Drohung »abgedrückt«: »Du bist tot, Guti!« Drei Journalisten, zwei Spanier und ein Franzose, bezeugten den Vorfall, dem Provokationen durch Profis des Valencia-Teams vorausgegangen sein sollen. Hintergrund des Streits waren die von Gutiérrez notierten Dopingenthüllungen des ehemaligen Kelme-Fahrers Manzano. ¤ ¤ Bei der Tour de France gingen ab 1930 vorerst nicht mehr Werksteams an den Start, sondern Nationalmannschaften. Dabei setzte die belgische Equipe lange Zeit auf Trikots in einem Design, das heutzutage vor allem Fahrradkuriere schmückt: Als »**SCHWARZE SCHWADRON**« war die mehrfach siegreiche Truppe bei der Konkurrenz gefürchtet. Das änderte sich schlagartig mit dem Hitzesommer 1947, als die mitfavorisierten Belgier reihenweise einbrachen. Im Jahr darauf trugen sie erstmals jenes hellblaue Trikot mit einem Brustring in den drei Landesfarben, das bis heute ihr Markenzeichen bei Weltmeisterschaften ist. ¤ ¤ Nicht nur im Tennis ein Muss: Beim Radsport war das Tragen von **WEISSEN SOCKEN** im Regelwerk vorgeschrieben. ¤ ¤ Bei frühen Bahnsportveranstaltungen waren Mitglieder des Rennausschusses an ihren **WEISSEN UNIFORMMÜTZEN** zu erkennen. ¤ ¤ Als »**LEICHENHEMD**« wurde augenzwinkernd das ursprünglich weiße Leader-Trikot der Deutschland-Rundfahrt bezeichnet.

## RICHTIG SITZEN

*Um eine ökonomische Fahrweise zu gewährleisten, wird angehenden Rennradbesitzern üblicherweise geraten, ihr »wertvollstes Stück« nach folgenden Maßgaben auszuwählen und einzustellen. Bis die individuell wirklich ideale Sitzposition gefunden ist, muss ein Fahrer jedoch noch einiges an Experimenten, Anpassungen und Millimeterarbeit absolvieren:*

### RAHMENHÖHE:

**Schritthöhe x 0,66**

Gemessen wird die Rahmenhöhe von der Mitte des Tretlagers bis zur Oberkante des Sattelrohrs.

### SATTELHÖHE:

**Schritthöhe x 0,885**

Gemessen wird die Sattelhöhe von der Mitte des Tretlagers bis zur Oberkante des Sattels. Auch bei der tiefsten Pedalstellung sollte das entsprechende Knie noch leicht angewinkelt sein. Eine weitere Faustregel besagt: Bei völlig gestrecktem Bein erreicht die Ferse das Pedal.

### SATTELNEIGUNG:

**waagerecht**

### SATTELPOSITION (HORIZONTAL):

**Die Lotlinie der Sattelspitze verläuft ungefähr 5 Zentimeter hinter der Tretkurbelachse.**

Als Dogma ist die 5-cm-Regel allerdings keineswegs zu verstehen. Laut einer häufig kolportierten Daumenregel sollte sich bei waagerechter Pedalstellung die Kniemitte bis -spitze über der Pedalachse befinden.

### SITZLÄNGE:

**Wird der Ellbogen direkt an der Sattelspitze angelegt, bleiben von den Fingerspitzen bis zum Lenker noch 2 bis 3 Zentimeter frei.**

Die Sitzlänge ist das Maß für den Abstand von Sattel und Lenker. Zur Kontrolle halten sich viele Fahrer an die folgenden Orientierungsmaßgaben: In Unterlenkerposition sollte die Nabe des Vorderrades für den Fahrer unsichtbar (weil vom Lenker) verdeckt sein, während seine Knie so eben die ihrerseits knapp abgewinkelten Ellbogen berühren.

### PEDALPLATTENPOSITION:

**Die Fußballen befinden sich direkt auf dem Tretlager.**

### KURBELLÄNGE:

Eine Frage individueller Präferenzen (und für abendfüllende Debatten). Darum keine Vorgabe. Abhängig ist die Kurbellänge u.a. von diversen Körpermaßen, dem Fahrertyp, der Disziplin, dem Zeitpunkt in der Saison und dem Radtyp. Auch bei Profis ergibt sich eine breite Streuung, betrachtet man ihre bevorzugten Kurbellängen vor dem Hintergrund ihrer Schrittlänge.

## KONSTRUKTEURSWERTUNG

*Die folgenden Hersteller haben den Siegern der Tour de France die Räder geliefert – zumindest, wenn man nach der Beschriftung der Rahmen urteilt. Mitunter hielten Rennfahrer auch an ihrem bevorzugtem Material fest und ließen dieses lediglich im Design des offiziellen Team-Ausrüsters lackieren. Keine Konstrukteurswertung nach Formel-1-Vorbild ist für Jahre 1930 bis 1939 möglich, in denen die Tour-Direktion allen Teinehmern identisch aussehende Räder gestellt hat.*

| | | |
|---|---|---|
| 10 x | Peugeot | Trousselier 1905, Pottier 1906, Petit-Breton 1907 + 1908, Thys 1913 + 1914, Lambot 1922, Pingeon 1967, Thévenet 1975 + 1977 |
| 9 x | Gitane | Anquetil 1963 + 1964, Van Impe 1976, Hinault 1978 + 1979 + 1981 + 1982, Fignon 1983 + 1984 |
| 9 x | Pinarello | Delgado 1988, Indurain 1991-1995, Riis 1996, Ullrich 1997, Pereiro 2006 |
| 8 x | Trek | Armstrong 1999-2005, Contador 2007 |
| 7 x | Alcyon | Faber 1909, Lapize 1910, Garrigou 1911, Defraye 1912, Frantz 1927 + 1928, Dewaele 1929 |
| 5 x | Eddy Merckx | Eddy Merckx 1969-1972 + 1974 |
| 4 x | Automoto | Pélissier 1923, Bottecchia 1924 + 1925, Buysse 1926 |
| 3 x | La Sportive | Lambot 1919, Thys 1920, Scieur 1921 |
| 3 x | Bianchi | Coppi 1949 + 1952, Pantani 1998 |
| 3 x | Helyett | Anquetil 1957 + 1961 + 1962 |
| 2 x | Stella | Bobet 1953 + 1954 |
| 2 x | Géminiani | Walkowiak 1956, Aimar 1966 |
| 1 x | La Française | Garin 1903 |
| 1 x | Conte | Cornet 1904 |
| 1 x | Génial | Robic 1947 |
| 1 x | Legnano | Bartali 1948 |
| 1 x | Fréjus | Kübler 1950 |
| 1 x | La Perle | Koblet 1951 |
| 1 x | Mercier-Bobet | Bobet 1955 |
| 1 x | Guerra | Gaul 1958 |
| 1 x | Coppi | Bahamontes 1959 |
| 1 x | Colnago | Nencini 1960 |
| 1 x | Magni | Gimondi 1965 |
| 1 x | Lejeune | Janssen 1968 |
| 1 x | Motobecane | Ocaña 1973 |
| 1 x | TI-Raleigh | Zoetemelk 1980 |
| 1 x | Hinault | Hinault 1985 |
| 1 x | Look | LeMond 1986 |
| 1 x | Battaglin | Roche 1987 |
| 1 x | Bottecchia | LeMond 1989 |
| 1 x | Cervelo | Sastre 2008 |

*Floyd Landis, 2006 zunächst als Sieger geehrt, später dann disqualifiziert, fuhr auf BMC.*

## TODESMUTIGE PIONIERE

»Ausgangs der Kurve erlitt Schmitter plötzlich Reifendefekt, verlor die Gewalt über die Maschine und stürzte schwer auf den Zement. Der hinter ihm liegende Schrittmacher Hüttenrauch konnte den Gestürzten nicht mehr vermeiden und fuhr über ihn hinweg. [...] Péguy, durch den Sturz Schmitters erschreckt, verlor die Gewalt über seine Maschine und fuhr quer über die Bahn, als Darioli mit Darragon herangesaust kam. Eine Karambolage war unvermeidlich, und im nächsten Moment lagen noch drei Fahrer auf der Bahn. Schmitter wurde schwerverletzt in ein Krankenhaus gebracht, wo er noch gegen 2 Uhr seinen Geist aufgab.«

*So heißt es in der von Fredy Budzinski verfassten Biografie des aus dem Rheinland stammenden Steherspezialisten Willy Schmitter. Es ist der schauderhaft lapidare Tonfall dieser Schilderung, der zeigt, dass kaum ein Sport je so gefährlich war wie der Dauersport der frühen Jahre.*

*Das Ende der ersten Steher-Legenden:*

| | |
|---|---|
| **Flugzeugabsturz** | Thaddäus Robl, Bruno Demke |
| **Motorradunfall** | Lucien Lesna |
| **Tödlicher Rennunfall** (Kopfverletzungen, Wirbelsäulenbrüche, Überfahren von Schrittmachermaschinen etc.) | Louis Darragon, Willy Schmitter, Harry Elke, Paul Dangla, Charles Albert Brécy, George Leander, Alfred Görnemann, Karel Verbist, Fritz Theile |
| **Herzkrankheit** | Fritz Ryse |
| **Alkoholismus/Folgeerkrankungen** | Jimmy Michael |
| **Natürlicher Tod im Alter** | Piet Dieckentman, Constant Huret, Paul Guignard, Emile Bouhours |

## ALLES IST RELATIV

*Mittlerweile gibt es offenbar sportliche Disziplinen, die eine weitaus größere Nähe zum Suizid haben als der Radsport, wie eine Studie von Failure Analysis Associates Inc. aus dem Jahr 1993 zeigt. Berechnet wurde die relative Todesgefahr menschlicher Aktivitäten und Fortbewegungsarten:*

| **Aktivität** | **Tote pro Millionen Stunden** |
|---|---|
| Fallschirmspringen | 128,71 |
| Fliegerei allgemein | 15,58 |
| Motorradfahren (Straße) | 8,80 |
| Scuba-Tauchen | 1,98 |
| Schwimmen | 1,07 |
| Snowmobile | 0,88 |
| Autofahren | 0,47 |
| Wasserskifahren | 0,28 |
| Fahrradfahren | 0,26 |
| Fliegen (Inlandsflüge) | 0,15 |
| Jagen | 0,08 |

## MEDIZINISCHES KOMMUNIQUE

*Die Liste der häufigsten Beschwerden bei der Tour de France 2006:*

29 Fälle: Magenprobleme

21 Fälle: Schürfwunden

je 15 Fälle: Kopfschmerzen / Insektenstich

13 Fälle: Schmerzen im bzw. am Knie

8 Fälle: Nasenbluten

7 Fälle: Atemprobleme

je 5 Fälle: Wunde am Bein oder Knie / HNO-Probleme

je 3 Fälle: Wunde am Ellenbogen / Trauma an Hand / Prellung am Knie / Halsschmerzen

je 2 Fälle: Probleme im Dammbereich / Schmerzen im Nackenbereich / Rückenschmerzen / Schlüsselbeinbruch / Krämpfe / Lendenschmerzen / hitzebedingte Schwindelgefühle

je 1 Fall: Prellung an Schulter / Prellung im Brustbereich / Rippenprellung / Trauma am Bein / Trauma an Schulter / Trauma im Lendenbereich / Wunde an Hüfte / Schmerzen im Rippenbereich / Beckenschmerzen / Unterzuckerung / Oberschenkelbruch / Irritation am Fuß / Prellung im Gesicht / Sturzbedingte Schwindelgefühle / Lungenprobleme / Schnittwunde am Arm / Zahnentzündung

## JAN ULLRICH IM WORTLAUT

*In einer Gegendarstellung als Reaktion auf einen Beitrag, der in Ausgabe Nr. 24/1999 des Nachrichtenmagazins »Der Spiegel« unter der Überschrift »Die Werte spielen verrückt« erschienen war, hieß es seitens des damaligen Telekom-Profis Jan Ullrich:*

»Hierzu stelle ich fest:
a) Ich habe noch nie meine Beine in die Höhe gehalten, um meinen Hämatokritwert zu senken.
b) Noch nie sind meine Beine im Gesicht von Jens Heppner gelandet.«

## TOUR DE FRANCE IM DEUTSCHEN FERNSEHEN

| | | |
|---|---|---|
| **1994** | ARD: ca. 340 Gesamtsendeminuten | ZDF: 0 Sendeminuten |
| **1998** | ARD: über 100 Stunden | ZDF: tägl. 15-minütige Zusammenfassungen |

## SPONSORENNÄHE DER SPITZENTEAMS 2006

*DIe Entfernung zwischen den Unternehmenssitzen der Rennställe und ihrer jeweiligen Hauptsponsoren ermittelt mit Google Maps:*

| Team | Sitz des Teams – Sitz des Sponsors | Entfernung |
|---|---|---|
| Astana | Madrid (ESP) – Astana (KAZ) | 6.600 km Luftlinie |
| Bouygues Telecom | Les Essarts (FRA) – Nanterre (FRA) | 401 km / 3:46 h |
| Crédit Agricole | Saint Pierre du Perray (FRA) – Paris (FRA) | 43,3 km / 0:40 h |
| Caisse d'Epargne | Pamplona (ESP) – Paris (ESP) | 900 km / 8:28 h |
| Cofidis | Marcq-en-Baroeul (FRA) – Villeneuve d'Ascq (FRA) | 12,4 km / 0:18 h |
| CSC | Lyngby (DEN) – Falls Church (USA) | 7.200 km Luftlinie |
| Davitamon-Lotto | Nazareth (BEL) – Nazareth (BEL) | 0 km |
| Discovery Channel | Austin (USA) – Silver Spring (USA) | 2463 km / 23:21 h |
| Euskaltel-Euskadi | Bilbao (ESP) – Derio (ESP) | 15,2 km / 0:20 h |
| Française des Jeux | Moussy Le Vieux (FRA) – Boulogne-Billancourt (FRA) | 50,4 km / 0:43 h |
| Gerolsteiner | Herrenberg (GER) – Gerolstein (GER) | 92,4 km / 1:07 h |
| Lampre | Usmate-Velate (ITA) – Usmate-Velate (ITA) | 0 km |
| Liquigas | San Dona'di Piave – Mailand (ITA) | 306 km / 3 :19 h |
| Milram | Ponte San Pietro (ITA) – Bremen (GER) | 1.144 km / 10:36 h |
| Phonak | Hombrechtikon (SWI) – Stäfa (SWI) | 3,4 km / 0:06 h |
| Quick Step | Wevelgem (BEL) – Wielsbeke (BEL) | 30,3 km / 0:27 h |
| Rabobank | Holten (NED) – Utrecht (NED) | 101 km / 1:03 h |
| Saunier-Duval | Riazzino (SWI) – Nantes (FRA) | 1.161 km / 10:38 h |
| T-Mobile | Deurle (BEL) – Bonn (GER) | 294 km / 2:45 h |

## BUNDESVORSITZENDE, VERBANDSFÜHRER, PRÄSIDENTEN

*Die Männer und die Frau, die an der Spitze des BDR standen, verteilen sich auf acht Bundesländer und zwei mittlerweile zu Polen bzw. Russland gehörende preußische Provinzen:*

**6 x Berlin:** Dr. Paul Martin (1915-1922), Carl Moshagen (1928-1929), Franz Eggert (1929-1933 u. 1935-1936), Franz Orthmann (1933-1935), Otto Holshüter (1936-1937), Viktor Brack (1937-1945)

**4 x Nordrhein-Westfalen:** Theodor Boeckling (Essen / 1897-1914), Heinrich Stevens (Köln / 1923-1924), Hans-Joachim Hangstein (Münster / 1971-1981), Manfred Böhmer (Köln / 1997-2001)

**4 x Hessen:** Gerhard Schulze (Frankfurt a.M. / 1955-1959), Erwin Hauck (Gießen / 1959-1970), Sylvia Schenk (Frankfurt a.M. / 2001-2004), Rudolf Scharping (Frankfurt a.M. / seit 2005)

**3 x Bayern:** Hans Müller (Bayr. Zell / 1948-1950), Hans Bandele (Fürth / 1970-1971), Werner Göhner (München / 1981-'97)

**2 x Sachsen:** Ludwig Holtbuer (Leipzig / 1896-1897), Georg Schweinitz (Dresden / 1927-1928)

**1 x Sachsen-Anhalt:** Carl Hindenburg (Magdeburg / 1884-1893)

**1 x Niedersachsen:** Kurt Kühn (Braunschweig / 1950-1955)

**1 x Pommern:** Dr. Hans Totschek (Stettin / 1924-1927)

**1 x Ostpreußen:** Rudolf Vogel (Königsberg / 1894-1896)

**1 x Rheinland-Pfalz:** Fritz Ramseier (Hessheim / 2004-2005)

## DAS GEFOLGE

*Bei Straßenweltmeisterschaften dürfen nur folgende Fahrzeuge im Rennen fahren:*

1) das Auto des Präsidenten des Kommissärskollegiums
2) das Auto des zweiten Kommissärs
3) das Auto des dritten Kommissärs
4) das Auto des vierten Kommissärs
5) sechs Autos der UCI
6) der Arztwagen
7) zwei Krankenwagen
8) das Auto des Ordnungsdienstes, sofern nötig
9) sieben neutrale Autos für technische Betreuung bei Wettbewerben der U23
10) die Autos der Nationen bei den Wettbewerben Männer Elite und Frauen Elite plus vier neutrale Fahrzeuge und ein Motorrad für technische Betreuung
11) maximal drei Motorräder mit Kameraleuten plus ein Motorrad für Ton
12) die beiden Motorräder der Kommissäre
13) zwei Motorräder der Fotografen
14) ein Motorrad des Regulators, sofern nötig
15) zwei Motorräder zur Information
16) ein Motorrad des Arztes
17) das Motorrad des *ardoisier*
18) die Motorräder des Ordnungsdienstes
19) Besenwagen

## DAS WAHRE TEAM »COFIDIS CRÉDIT PAR TÉLÉPHONE«

Louis BARES (Peugeot) FRA19300727
Jean GOLDSCHMIT (Tebag) LUX19240220
Kai HUNDERTMARCK (Telekom) GER19690425
Alexandre MOOS (BMC) SUI19721222
Klaus-Peter THALER (Teka) GER19490514
Maurice GELDHOF (J.B. Louvet) FRA19051125
Christian GOLDSCHAGG (Blacky) GER19591105
Gerrie KNETEMANN (Raleigh) NED19510306
Lucien RICH (Automoto) FRA18931102

***Saisonhöhepunkte:*** *Sparkassen-Giro Bochum, Gara Ciclistica Milionaria, Giro d'Oro*

## DER RENNSTALL »FLEISCH IST MEIN GEMÜSE«

Steve BAUER (Motorola) CAN19590612
Bo HAMBURGER (TVM) DEN19700524
Robert HUNTER (Barloworld) RSA19770422
Sascha JÄGER (RSC Turbine Erfurt) GER1975
Jean RIPPE (Leducq-Hutchinson) FRA19280301
Baden COOKE (FDJeux) AUS19781012
Herbert HACKEBEIL (Wanderer) Chemnitz
Thomas FLEISCHER (Collstrop) GER19710220
Martin METZGER (Cilo) SWI19251118

***Teamchef:*** *Paul KÖCHLI*

***Saisonhöhepunkt:*** *Züri Metzgete*

## SAISONWERTUNGEN

*Seit mehr als 70 Jahren haben Sporttageszeitungen und der Weltverband diverse Versuche unternommen, die besten Fahrer eines Jahres zu küren – nach immer neuen Regelwerken:*

**Inoffizielle Saisonwertung 1936–1947**

1936 Gino Bartali
1937 Gino Bartali
1938 Marcel Kint
1939 Gino Bartali
1946 Fausto Coppi
1947 Gino Bartali

**Challenge Desgrange-Colombo, 1948–1958**

1948 Briek Schotte
1949 Fausto Coppi
1950 Ferdi Kübler
1951 Louison Bobet
1952 Ferdi Kübler
1953 Loretto Petrucci
1954 Ferdi Kübler
1955 Stan Ockers
1956 Fred De Bruyne
1957 Fred De Bruyne
1958 Fred De Bruyne

**Saisonwertung 1959**

1959 Rik Van Looy

**Super Prestige Pernod 1958–1988**

1958 Jean Forestier
1959 Henri Anglade
1960 Jean Graczyk
1961 Jacques Anquetil
1962 Joo De Roo
1963 Jacques Anquetil
1964 Raymond Poulidor
1965 Jacques Anquetil
1966 Jacques Anquetil
1967 Jan Janssen
1968 Herman Vanspringel
1969 Eddy Merckx
1970 Eddy Merckx
1971 Eddy Merckx
1972 Eddy Merckx
1973 Eddy Merckx
1974 Eddy Merckx
1975 Eddy Merckx
1976 Freddy Maertens
1977 Freddy Maertens
1978 Bernard Hinault
1979 Bernard Hinault
1980 Bernard Hinault
1981 Bernard Hinault
1982 Bernard Hinault
1983 Greg LeMond
1984 Sean Kelly
1985 Sean Kelly
1986 Sean Kelly
1987 Stephen Roche
1988 Charly Mottet

**Inoffizielle Weltcup-Wertung 1988**

1988 Stephen Rooks

**Weltcup, 1989–2004**

1989 Sean Kelly
1990 Gianni Bugno
1991 Maurizio Fondriest
1992 Olaf Ludwig
1993 Maurizio Fondriest
1994 Gianluca Bortolami
1995 Johan Museeuw
1996 Johan Museeuw
1997 Michele Bartoli
1998 Michele Bartoli
1999 Andreï Tschmil
2000 Erik Zabel
2001 Erik Dekker
2002 Paolo Bettini
2003 Paolo Bettini
2004 Paolo Bettini

**ProTour 2005–2008**

2005 Danilo Di Luca
2006 Alejandro Valverde
2007 Cadel Evans
2008 Alejandro Valverde

**UCI-Weltrangliste**
*(Führende am Saisonende):*

1984 Sean Kelly
1985 Sean Kelly
1986 Sean Kelly
1987 Sean Kelly
1988 Sean Kelly
1989 Laurent Fignon
1990 Gianni Bugno
1991 Gianni Bugno
1992 Miguel Indurain
1993 Miguel Indurain
1994 Toni Rominger
1995 Laurent Jalabert
1996 Laurent Jalabert
1997 Laurent Jalabert
1998 Michele Bartoli
1999 Laurent Jalabert
2000 Francesco Casagrande
2001 Erik Zabel
2002 Erik Zabel
2003 Paolo Bettini
2004 Damiano Cunego

*Jan Ullrich führte die Weltrangliste im Sommer 2000 für 28 Tage an.*

## ICH PACKE MEINEN KOFFER...

### FAMILIE RUMSAS

*Bei der Tour de France 2002 kam Raimondas Rumšas im Trikot von Lampre quasi aus dem Nichts, um völlig unerwartet aufs Podium zu fahren. Er hatte Frankreich auch schon wieder verlassen, als die Polizei im Kofferraum seiner Gattin Edita Rumšiene ein ganzes Arsenal leistungsstärkender Substanzen entdeckte. Das brachte ihr trotz der Beteuerung, die Mittel seien für ihre Schwiegermutter, zunächst eine mehrmonatige Untersuchungshaft und später – ebenso wie ihrem Gatten – eine auf Bewährung ausgesetzte Gefängnisstrafe ein. Die 37 Produkte im Überblick:*

Actovegin (aus Kälberblut gewonnenes Medikament gegen Arterienverkalkung), Actrapid Novolet (Insulin), Albumine 20% (Plasmaexpander/Bluteiweiße), Alphalipon (stoffwechselfördernde Antioxidantien), Androderm (Testosteron), Benexol B12 5000 (Vitamine), Bentelan (Kortison), Celestone (Entzündungshemmer), Cafiaspirina (Koffeinpräparat, Schmerzmittel), Durvitan (Koffein), Eurythrox 50 (Hormonpräparat), Geref (fördert die Produktion von Wachstumshormonen), Haes-Steril (Infusionslösung), Immunoferon (zur Behandlung von Leukose eingesetztes Protein mit immunstimulierender und antiviraler Wirkung), Kenacort retard (Kortison), Ketonal (Entzündungshemmer), Koffein, MAG 2 (Magnesium), Natriumchlorid, Norditropin (Wachstumshormone), Norditropin penset 24 (Wachstumshormone), No Spa Forte (krampflösendes Arzneimittel), Oltramp, Optalidon (Schmerz-/Fiebermittel), Ozothin (Hustenmittel), Pentohexal 300 (durchblutungsfördernde Injektionslösung), Praxilen (Medikament zur Behandlung peripherer arterieller Verschlusskrankheiten), Spascupreel (homöopathisches Mittel gegen druckschmerzhafte Muskelverhärtung und Krämpfe im Magen-Darm-Trakt), TAD 600 (zur Behandlung von Epilepsie und neuropathischen Schmerzen), Testis Compositum (Hormonextrakte), Toco 500 (Vitamin E), Trofalgon (Vitamin-B-Komplex), steriles Wasser, Thyreoida Compositum (Hormonextrakte), Stilnox (Schlafmittel), Ubichinon Compositum (homöpathisches Mittel zur Unterstützung des Zellstoffwechsels), Voltaren (Schmerzmittel).

### HERR SCHMIDT

*»Matze« Schmidt, viele Jahre lang umtriebiger Betreuer und Mädchen für alles bei den Auslandseinsätzen deutscher Nationalmannschaften, verbrauchte beim Giro d'Italia 1932 nach eigenen Angaben aus seinem »Pflasterkasten«:*

70 Mullbinden    eine Menge Verbandgaze
5 Rollen Leukoplast von je 5 Meter Länge
1,5 Liter Alkohol    100 Gramm Jod    2 Kilogramm Salbe
100 Mercurochrom (nicht brennender Jod-Ersatz)
15 Johnson-Pflaster    3 Kilogramm Massageöl
1 Kilogramm Fluid    2 Liter Kölnisch Wasser
viel Laxin

## EHRENNAMEN DER MONUMENTE

| Rennen | seit | Ehrenname | heutiger Termin |
|---|---|---|---|
| Mailand-San Remo (ITA) | 1907 | La Classicissima | Mitte/Ende März |
| Flandern-Rundfahrt (BEL) | 1912 | Vlaanderens Mooiste | Anfang April |
| Paris-Roubaix (FRA) | 1896 | L'Enfer du Nord | Mitte April |
| Lüttich-Bastogne-Lüttich (BEL) | 1892 | La Doyenne | Ende April |
| Lombardei-Rundfahrt (ITA) | 1905 | Das Rennen der fallenden Blätter | Mitte Oktober |

## INNOVATIVE RADSPORTLER

Es war der Steher **Eugène Bruni**, der im Jahr 1903 zum eigenen Schutz den ersten Vorläufer heutiger Radhelme erfand: Aus einem früheren Infanteriehelm bastelte er sich eine Kopfschutzmaske.

Als aktiver Radrennfahrer entwickelte der spätere Rennbahn-Architekt **Clemens Schürmann** aus Münster in den zwanziger Jahren den ersten Fahrradhelm im engeren Sinne. Auch er nahm als Ausgangsbasis einen Militärhelm, in seinem Fall einen echten Kürassierhelm, den er unter anderem mit einer schwarzen Strumpfhose seiner Frau und polsternden Außenwülsten für seine Zwecke umbaute.

Auch wenn den im Amateurlager erfolgreichen Wuppertaler Radsportzwillingen Wilfried und Wolfgang Trott der ganze große Durchbruch verwehrt war, blieb der Familienname im internationalen Velo-Zirkus vorerst ein Begriff: Vater Karl-Heinz nämlich brachte Ende der Sechziger den fortan vor allem in den Nachwuchsklassen viel getragenen »**Trott-Helm**« auf den Markt – eine mit 30 bzw. 50 Luftlöchern versehene Eierschale aus Polyäthylen.

**Tom Simpson**, der populäre britische Straßenweltmeister von 1965, der sein Leben so spektakulär an den Flanken des Mont Ventoux aushauchte, entwickelte in Eigenregie ein wegweisendes Sattelmodell: Er leimte ein Schaumstoffpolster auf einer Plastikschale an und versah dieses mit einem Lederüberzug, der aus einer Krokodilhandtasche seiner Frau gefertigt war.

Es war der Belgier **Frans Verbeeck**, in den Sechzigern unter anderem für Wiel's Groene Leuw am Start, der die Rad-Überschuhe erfand. Vielleicht nicht von ungefähr gewann er gleich mehrfach den für gefühllos gefrorene Füße prädestinierten Saisoneröffnungs-Klassiker Het Volk.

Beim Giro 1981 überredete der heute als Chef einer Fahrradfabrik erfolgreiche **Giovanni Battaglin** seinen Mechaniker, vor der Etappe mit Bergankunft im Schatten der Drei Zinnen ein Dreifach-Kettenblatt mit 36, 42 und 52 Zähnen zu montieren, und fuhr ins Rosa Trikot.

Der erste Fahrer im Peloton, der eine Pulsuhr trug, war der Italiener **Emanuele Bombini**, später unter anderem Teamchef der aus diversen Gründen gefürchteten Gewiss-Ballan-Kohorte.

## SO ALT WAREN DIE TOUR-SIEGER

*In einem Alter, in dem Lance Armstrong erstmals bei der »Grande Boucle« triumphierte, konnte Eddy Merckx schon vier Tour-de-France-Siege vorweisen.*

| | | | |
|---|---|---|---|
| 1904 | Henri Cornet (FRA) | *04. August 1884 | 19 J 11 M 20 T |
| 1935 | Romain Maes (BEL) | *10. August 1913 | 21 J 11 M 18 T |
| 1983 | Laurent Fignon (FRA/1) | *12. August 1960 | 22 J 11 M 12 T |
| 1909 | François Faber (LUX) | *26. Januar 1887 | 22 J 7 M 6 T |
| 1910 | Octave Lapize (FRA) | *20. Oktober 1887 | 22 J 9 M 11 T |
| 1965 | Felice Gimondi (ITA) | *29. September 1942 | 22 J 9 M 15 T |
| 1913 | Philippe Thys (BEL/1) | *8. Oktober 1890 | 22 J 9 M 19 T |
| 1984 | Laurent Fignon (FRA/2) | *12. August 1960 | 23 J 11 M 10 T |
| 1957 | Jacques Anquetil (FRA/1) | *8. Januar 1934 | 23 J 6 M 12 T |
| 1997 | Jan Ullrich (GER) | *2. Dezember 1973 | 23 J 7 M 25 T |
| 1914 | Philippe Thys (BEL/2) | *8. Oktober 1890 | 23 J 9 M 18 T |
| 1978 | Bernard Hinault (FRA/1) | *14. Oktober 1954 | 23 J 9 M 9 T |
| 1938 | Gino Bartali (ITA/1) | *18. Juli 1914 | 24 J 0 M 13 T |
| 1912 | Odile Defraye (BEL) | *14. Juli 1888 | 24 J 0 M 14 T |
| 1905 | Louis Trousselier (FRA) | *29. Juni 1881 | 24 J 1 M 1 T |
| 1969 | Eddy Merckx (BEL/1) | *17. Juni 1945 | 24 J 1 M 3 T |
| 2007 | Alberto Contador (ESP) | *6. Dezember 1982 | 24 J 4 M 7 T |
| 1907 | Lucien Petit-Breton (FRA/1) | *18. Oktober 1882 | 24 J 9 M 17 T |
| 1979 | Bernard Hinault (FRA/2) | *14. Oktober 1954 | 24 J 9 M 8 T |
| 1986 | Greg LeMond (USA/1) | *26. Juni 1961 | 25 J 1 M 1 T |
| 1970 | Eddy Merckx (BEL/2) | *17. Juni 1945 | 25 J 1 M 2 T |
| 1966 | Lucien Aimar (FRA) | *28. April 1941 | 25 J 2 M 16 T |
| 1958 | Charly Gaul (LUX) | *8. Dezember 1932 | 25 J 7 M 1 T |
| 1908 | Lucien Petit-Breton (FRA/2) | *18. Oktober 1882 | 25 J 9 M 22 T |
| 1971 | Eddy Merckx (BEL/3) | *17. Juni 1945 | 26 J 1 M 1 T |
| 1947 | Jean Robic (FRA) | *10. Juni 1921 | 26 J 1 M 10 T |
| 1933 | Georges Speicher (FRA) | *08. Juni 1907 | 26 J 1 M 15 T |
| 1967 | Roger Pingeon (FRA) | *28. August 1940 | 26 J 10 M 25 T |
| 1911 | Gustave Garrigou (FRA) | *24. September 1884 | 26 J 10 M 6 T |
| 1936 | Sylvère Maes (BEL) | *27. August 1909 | 26 J 11 M 6 T |
| 1951 | Hugo Koblet (SWI) | *21. März 1925 | 26 J 4 M 8 T |
| 1930 | André Leducq (FRA/1) | *27. Februar 1904 | 26 J 5 M 0 T |
| 1937 | Roger Lapébie (FRA) | *16. Januar 1911 | 26 J 6 M 11 T |
| 1981 | Bernard Hinault (FRA/3) | *14. Oktober 1954 | 26 J 9 M 5 T |
| 1991 | Miguel Indurain (ESP/1) | *16. Juli 1964 | 27 J 0 M 12 T |
| 1906 | René Pottier (FRA) | *5. Juni 1879 | 27 J 1 M 24 T |
| 1972 | Eddy Merckx (BEL/4) | *17. Juni 1945 | 27 J 1 M 8 T |
| 1999 | Lance Armstrong (USA/1) | *18. September 1971 | 27 J 10 M 7 T |
| 1931 | Antonin Magne (FRA/1) | *15. Februar 1904 | 27 J 5 M 11 T |
| 1975 | Bernard Thévenet (FRA/1) | *10. Januar 1948 | 27 J 6 M 10 T |
| 1961 | Jacques Anquetil (FRA/2) | *8. Januar 1934 | 27 J 6 M 8 T |
| 1987 | Stephen Roche (IRE) | *28. November 1959 | 27 J 7 M 28 T |
| 1927 | Nicolas Frantz (LUX/1) | *4. November 1899 | 27 J 8 M 13 T |
| 1982 | Bernard Hinault (FRA/4) | *14. Oktober 1954 | 27 J 9 M 11 T |
| 1992 | Miguel Indurain (ESP/2) | *16. Juli 1964 | 28 J 0 M 10 T |
| 1989 | Greg LeMond (USA/2) | *26. Juni 1961 | 28 J 0 M 27 T |

| | | | |
|---|---|---|---|
| 1989 | Greg LeMond (USA/2) | *26. Juni 1961 | 28 J 0 M 27 T |
| 1973 | Luis Ocaña (ESP) | *09. Juni 1945 | 28 J 1 M 19 T |
| 2000 | Lance Armstrong (USA/2) | *18. September 1971 | 28 J 10 M 5 T |
| 1968 | Jan Janssen (NED) | *19. Mai 1940 | 28 J 2 M 2 T |
| 1988 | Pedro Delgado (ESP) | *15. April 1960 | 28 J 3 M 9 T |
| 1953 | Louison Bobet (FRA/1) | *12. März 1925 | 28 J 4 M 14 T |
| 1932 | André Leducq (FRA/2) | *27. Februar 1904 | 28 J 5 M 4 T |
| 1998 | Marco Pantani (ITA) | *13. Januar 1970 | 28 J 6 M 20 T |
| 1962 | Jacques Anquetil (FRA/3) | *8. Januar 1934 | 28 J 6 M 7 T |
| 1928 | Nicolas Frantz (LUX/2) | *4. November 1899 | 28 J 8 M 11 T |
| 1990 | Greg LeMond (USA/3) | *26. Juni 1961 | 29 J 0 M 26 T |
| 1993 | Miguel Indurain (ESP/3) | *16. Juli 1964 | 29 J 0 M 9 T |
| 1974 | Eddy Merckx (BEL/5) | *17. Juni 1945 | 29 J 1 M 4 T |
| 2001 | Lance Armstrong (USA/3) | *18. September 1971 | 29 J 10 M 11T |
| 1949 | Fausto Coppi (ITA/1) | *15. September 1919 | 29 J 10 M 9 T |
| 1924 | Ottavio Bottecchia (ITA/1) | *1. August 1894 | 29 J 11 M 17 T |
| 1939 | Sylvère Maes (BEL/1) | *27. August 1909 | 29 J 11 M 3 T |
| 1954 | Louison Bobet (FRA/2) | *12. März 1925 | 29 J 4 M 19 T |
| 1956 | Roger Walkowiak (FRA) | *2. März 1927 | 29 J 4 M 26 T |
| 1977 | Bernard Thévenet (FRA/2) | *10. Januar 1948 | 29 J 6 M 14 T |
| 1963 | Jacques Anquetil (FRA/4) | *8. Januar 1934 | 29 J 6 M 6 T |
| 1976 | Lucien Van Impe (BEL) | *20. Oktober 1946 | 29 J 8 M 28 T |
| 1920 | Philippe Thys (BEL/3) | *8. Oktober 1890 | 29 J 9 M 17 T |
| 1994 | Miguel Indurain (ESP/4) | *16. Juli 1964 | 30 J 0 M 8 T |
| 2002 | Lance Armstrong (USA/4) | *18. September 1971 | 30 J 10 M 10 T |
| 1925 | Ottavio Bottecchia (ITA/2) | *1. August 1894 | 30 J 11 M 18 T |
| 1960 | Gastone Nencini (ITA) | *1. März 1930 | 30 J 4 M 16 T |
| 1955 | Louison Bobet (FRA/3) | *12. März 1925 | 30 J 4 M 20 T |
| 1934 | Antonin Magne (FRA/2) | *15. Februar 1904 | 30 J 5 M 14 T |
| 1964 | Jacques Anquetil (FRA/5) | *8. Januar 1934 | 30 J 6 M 6 T |
| 1985 | Bernard Hinault (FRA/5) | *14. Oktober 1954 | 30 J 8 M 27 T |
| 2006 | Floyd Landis (USA) | *14. Oktober 1975 | 30 J 9 M 9 T |
| 1950 | Ferdi Kübler (SWI) | *24. Juli 1919 | 31 J 0 M 14 T |
| 1995 | Miguel Indurain (ESP/5) | *16. Juli 1964 | 31 J 0 M 7 T |
| 1959 | Federico Bahamontes (ESP) | *09. Juli 1928 | 31 J 0 M 9 T |
| 2003 | Lance Armstrong (USA/5) | *18. September 1971 | 31 J 10 M 9 T |
| 1952 | Fausto Coppi (ITA/2) | *15. September 1919 | 32 J 10 M 4 T |
| 2004 | Lance Armstrong (USA/6) | *18. September 1971 | 32 J 10 M 7 T |
| 1996 | Bjarne Riis (DEN) | *03. April 1964 | 32 J 3 M 18 T |
| 1903 | Maurice Garin (FRA) | *23. März 1871 | 32 J 3 M 26 T |
| 1929 | Maurice Dewaele (BEL) | *27. Dezember 1896 | 32 J 7 M 1 T |
| 2005 | Lance Armstrong (USA/7) | *18. September 1971 | 33 J 10 M 6 T |
| 1926 | Lucien Buysse (BEL) | *11. September 1892 | 33 J 10 M 7 T |
| 1919 | Firmin Lambot (BEL/1) | *14. März 1886 | 33 J 4 M 13 T |
| 1921 | Léon Scieur (BEL) | *19. März 1888 | 33 J 4 M 5 T |
| 1980 | Joop Zoetemelk (NED) | *3. Dezember 1946 | 33 J 7 M 17 T |
| 1948 | Gino Bartali (ITA/2) | *18. Juli 1914 | 34 J 0 M 7 T |
| 1923 | Henri Pélissier (FRA) | *22. Januar 1889 | 34 J 6 M 0 T |
| 1922 | Firmin Lambot (BEL/2) | *14. März 1886 | 36 J 4 M 9 T |

## KLEIDERORDNUNG

*Was Schrittmacher im Bahnradsport tragen dürfen, hat der Weltverband sehr penibel geregelt:*

Die Schrittmacher müssen eine **Lederjacke** mit den folgenden Abmessungen tragen:

*Rückenlänge ohne Kragen: 67 cm / Rückenlänge auf Ärmelhöhe: 45 cm*
*Brustbreite auf Ärmelhöhe: 35 cm / Brustumfang, gemessen unter den Armen: 120 cm*
*Jackenumfang, gemessen am unteren Rand: 120 cm*
*Ärmellänge von der Schulternaht zum Ellenbogen: 60 cm*
*Ärmelumfang am Oberarm: 40 cm / Ärmelumfang am Handgelenk: 28 cm*
*Kragenumfang: 44 cm / Kragenhöhe: 3,5 cm*

Der Kragen wird mittels zweier Spangen geschlossen. Die Jacke wird am Rücken von unten nach oben mittels eines Reißverschlusses geschlossen (der Ausgangspunkt des Reißverschlusses befindet sich am unteren Ende der Jacke). Es ist unzulässig, die Jacke während der Fahrt zu öffnen oder an der Jacke irgendwelche Veränderungen vorzunehmen, die den Fahrer bevorteilen könnten.

Die Schrittmacher müssen eine **Lederhose ohne Gamaschen** mit den folgenden Abmessungen tragen:

*Länge Außenbein: 94 cm / Länge Innenbein: 68 cm / Gürtelumfang: 102 cm*
*Beckenumfang über dem Gesäß: 114 cm / Oberschenkelumfang: 72 cm*
*Umfang oberhalb des Knies: 48 cm / Umfang unterhalb des Knies: 36 cm*
*Wadenumfang: 40 cm / Knöchelumfang: 30 cm*

Zur Lederhose gehört zusätzlich ein **Leinengurt** von 22 cm Höhe. Am Gurt ist hinten eine Gummispitze von 48 cm Länge und 9 cm Breite angebracht, die von oben nach unten verläuft. Öffnungen befinden sich einzig an der Seite jedes Beines der Lederhose. Die Öffnung verläuft über eine Länge von 40 cm, gemessen ab Fußknöchel. Der Verschluss wird durch einen **Reißverschluss** gewährleistet, der von oben nach unten verläuft. Die Lederhose wird hinten von sich kreuzenden Riemen gehalten, die durch Halteschlaufen aus Gummi führen.

Die Schrittmacher tragen unter ihrer Lederbekleidung nur ein leichtes, **eng anliegendes Trikot** und eine **Radrennfahrerhose**. Die Jacke muss so geschlossen werden können, dass dabei weder die Nähte noch der Reißverschluss vorstehen. Die Unterbekleidung muss überall dieselbe Dicke aufweisen und darf unter keinen Umständen aufgepolstert sein. Weder Hose noch Trikot dürfen irgendeine Öffnung aufweisen.

Die Schrittmacher dürfen **ein einziges Paar Socken** tragen. Die Socken müssen von **Strumpfhaltern** gehalten werden. Es sind ausschließlich Lederschuhe normaler Größe zugelassen. Die Schuhe müssen ganz geschlossen sein.

Das Tragen eines robusten **Helms** ist während des Trainings und während des Wettkampfs obligatorisch. Es ist verboten, den Helm während des Rennens abzunehmen oder den Helmriemen zu öffnen. Am Helm dürfen **Ohrenklappen** angebracht sein. Diese dürfen die Dimensionen 1 cm x 3 cm nicht überschreiten.

## ANGEBOTEN BEI EBAY

»Original Behältnisse für Doping Kontrolle im Spitzensport: Angeboten wird ein versiegelter und steriler Plastikbecher und eine Glasflasche mit BDR-Siegel, mit der bis vor ein paar Jahren die Dopingproben im Spitzensport genommen wurden. Auf dem Becher steht ›Verwendbar bis 02.99‹ und die Nr. 6015, auf der Flasche wurde ein D (für Deutschland), 24 (das damalige Alter von Jan Ullrich) und A B (als Beispiel für A und B Probe) mit einem Diamantstift eingeritzt. Ich habe dieses ungewöhnliche Set bei einem Vortrag von einem BDR Doping-Kommissär bekommen.«

## KADENZ AM BERG

*Ein spanisches Forscherteam der Universität León hat untersucht, mit welcher durchschnittlichen Trittfrequenz heutige Radprofis bei Etappenrennen am Berg unterwegs sind:*

**Berge »hors catégorie«:** 73 +/- 1 U/min
**Berge 1. Kategorie:** 75 +/- 2 U/min
**Berge 2. Kategorie:** 75 +/- 3 U/min
**Berge 3. Kategorie:** 82 +/- 1 U/min

## WERBESPRÜCHE, DIE HÄNGEN GEBLIEBEN SIND

Pinarello. Kompetitionsrennmaschinen.

Clément - Meister wählen

This is Ridley. We are Belgium.

Windkanäle lügen nicht. *(Bell)*

Schmieren geht über Montieren. *(Suntour)*

Das Ende der Rad-Losigkeit. *(Conbrio)*

Cucuma. Fahrräder zum Fahrradfahren.

Winning. It's our DNA. *(Bianchi)*

Erfolg beginnt im Kopf. Die Energie kommt jetzt aus dem Bauch. *(PowerBar)*

Tritt für Tritt
Zu Hause fit
*(SUNAL Rad-Roller)*

The need
For speed
*(PZ Racing)*

Like it.
Bike it.
*(Corratec)*

## AUF DER PISTE: DIE BAHNWETTBEWERBE

**AUSSCHEIDUNGSRENNEN:** Unübersichtlicher, aber stets spannender Einzelwettkampf, der für überraschende Siege und Favoritenstürze prädestiniert ist. Nach fliegendem Start im Anschluss an eine neutralisierte Runde scheidet bei regelmäßigen Zwischensprints (jede Runde bei Bahnen länger als 333,33 Meter; sonst jede zweite Runde) der jeweils letztplatzierte Fahrer aus und muss umgehend die Bahn verlassen. Die zuletzt übrig gebliebenen Fahrer sprinten um den Sieg.

**EINZELVERFOLGUNG:** Das klassische Duell zweier Fahrer über eine feste Distanz (4 km bei den Männern, 3 km bei den Frauen), bei der die beiden Kontrahenten von sich gegenüberliegenden Punkten der Bahn starten. Sieger ist, wer den anderen Fahrer einholt oder die schnellere Zeit fährt. Als eingeholt wird ein Verfolger betrachtet, wenn sich das Tretlager seines Gegners auf gleicher Höhe mit seinem eigenen Tretlager befindet. Der Einzug ins Finale erfolgt über eine Zeitqualifikation und eine anschließende K.O.-Runde. Gerade in früheren Jahrzehnten war die Verfolgung das Sprungbrett für viele große Karrieren auf der Straße.

**MANNSCHAFTSVERFOLGUNG:** Dieselbe Nummer nur mit Viererteams und somit einem Bäumchen-wechsel-dich-Spiel an der Spitze, das seine ganz eigene Ästhetik hat – wenn das Aus- und Einscheren denn tatsächlich in Perfektion beherrscht wird. Die Zeit jeder Mannschaft wird mit dem Vorderrad des dritten Fahrers genommen, der die Ziellinie passiert. Angesichts der vielen Erfolge deutscher Teams bei Weltmeisterschaften und Olympischen Spielen galt der Bahnvierer hierzulande lange Zeit als »Königsdisziplin« der Piste. Ehrungen zur »Mannschaft des Jahres« gab es 1973, 1976 und 2000. In der DDR konnte bei solchen Wahlen eher der Straßen-Vierer (1979, '88 und '89) oder die Friedensfahrt-Auswahl (1960 und '82) abräumen.

**MADISON:** Die Sixdays-Disziplin, benannt nach dem Madison Square Garden in New York. Ein auch als »Américaine« bezeichneter Teamwettbewerb, bei dem die beiden abwechselnd aktiven Fahrer einer Mannschaft möglichst viele Punkte bei Zwischensprints erspurten sollen. Vergeben werden jeweils 5 Punkte an die beste Mannschaft, 3 Punkte an die Zweite, 2 Punkte an die Dritte und ein Punkt an die Vierte. Aber Achtung: Mitunter spült es eines der maximal 20 Teams aus den Niederungen des Klassements mit einem Schlag ganz nach vorn. Denn maßgeblich ist in erster Linie die gefahrene Distanz. Im Bahnsport-Jargon heißt das: »Rundengewinn vor Punktgewinn«. Die zurückzulegende Gesamtdistanz beträgt bei den Männern rund 50 km. Typisch für die Disziplin ist der Schleudergriff bei der Ablösung.

**KEIRIN:** 1948 erfundene Harakiri-Version des Sprints mit in der Regel acht Fahrern, deren Startposition ausgelost wird und die zunächst ein paar Runden bei moderatem Tempo einem Derny folgen. Nach dessen Ausscheren beginnt 600 bis 700 Meter vor dem Ziel das Hauen und Stechen mit offenem Visier und ebensolchem Ausgang – der oft erst feststeht, wenn alle der zahlreichen Disqualifikationsanträge behandelt worden sind. Mitunter ist zu lesen, »Keirin« wäre die japanische Vokabel für »Kampf«. Ein Irrtum. Wörtlich übersetzt heißt das Doppelwort eher ganz schnöde »Räder-Rennen«. In Japan gibt es zwar eigene, bestens besuchte Keirin-Hallen, einen geplanten Besuch dort sollte man jedoch nicht allzu lauthals ankündigen. Diese Etablissements genießen nämlich eine Reputation, die irgendwo zwischen Zockerhöhle und Bordell angesiedelt ist. Das Publikum setzt sich fast ausnahmslos aus Herren mittleren Alters zusammen, die den Großteil ihres Nettohaushaltseinkommens in Sportwetten investieren.

**OMNIUM:** Vielseitigkeitswettbewerb aus 200-Meter-Zeitfahren, Scratch, Einzelverfolgung, Punktefahren und Kilometer-Zeitfahren. Das klassische Szenario zu Zeiten, als Einladungsveranstaltungen und Länderkämpfe noch ständig die Winterbahnen in ganz Europa füllten.

**PUNKTEFAHREN:** Eine harte Prüfung für Augen und Aufmerksamkeit der Wettkampfrichter. Im Prinzip ein Madison für Einzeltäter. Mit einem wichtigen Unterschied: Für Rundengewinne gibt es mittlerweile auch nur noch weitere Punkte – in diesem Fall 20.

**SCRATCH:** Näher kann ein Wettbewerb auf der Piste den klassischen Massenstartrennen auf der Straße nicht kommen als bei diesem Einzelrennen über eine vorhergegebene Distanz von 15 Kilometern bei den Herren. Vor dem Start wird die Hälfte der Fahrer auf einer bestimmten Linie entlang der äußeren Balustrade aufgestellt, die andere Hälfte in einer einzigen Reihe im Sprintkorridor. Nach einer neutralisierten Bahnrunde erfolgt ein fliegender Start. Wer vom Hauptfeld überrundet wird, muss die Bahn umgehend verlassen. Das Schlussklassement ergibt sich durch die Reihenfolge des Zieleinlaufs und die Zahl der gewonnenen Runden.

**SPRINT:** Eine der beiden dienstältesten Disziplinen, dereinst auch »Fliegerrennen« genannt. Zwei oder mehr Fahrer messen sich über knapp 1000 Meter. Sieger ist, wer als Erster die Ziellinie passiert. Die Zeit spielt allerdings nur in der Qualifikation, einem 200-m-Zeitfahren mit fliegendem Start, eine Rolle. Deshalb wird in den ersten Runden nach dem Startpfiff oft erst einmal ordentlich taktiert. Pro Lauf sind zwei Stehversuche von je maximal 30 Sekunden erlaubt. Der Fahrer, der an der Innenseite fährt, muss zunächst die Führung übernehmen. Die Sprintlinie ist unbedingt zu halten. Wer im Sprintkorridor fährt, darf nicht links angegriffen werden. Bei Meisterschaften werden Sprint-Medaillen im Best-of-Three-Modus ausgefahren.

**MANNSCHAFTSSPRINT:** Ähnliche Regeln, nur im Team. Bei den Männern wird der »Olympische Sprint« mit Dreier-Mannschaften über drei Bahnrunden ausgetragen. Jeder Fahrer muss eine Runde führen. Taktik spielt keine Rolle – vom Start weg wird am »Anschlag« gefahren.

**STEHERRENNEN:** Ebenso wie der Sprint standen die Wettkämpfe der Steher oder Dauerfahrer schon bei der ersten Bahn-WM auf dem Programm – als Einzelrennen hinter Schrittmacherführung. Die Regeln sind denkbar einfach, sorgen allerdings kaum für permanenten Nervenkitzel auf den Rängen, seit die Fahrer angesichts verschärfter Sicherheitsanforderungen nicht mehr an der Rolle dröhnender, feuerspuckender Ungetüme hängen und nicht mehr in jeder Sekunde ein weiterer Horrorcrash droht (was lange Zeit viel der Fasizination des Stehersports ausgemacht haben dürfte): Sieger ist, wer nach einer bestimmten Zeit (zum Beispiel 1 Stunde) oder einer vorgegebenen Distanz (früher häufig die magischen 100 km) vorne liegt. Wer angegriffen wird, muss unterhalb der blauen Steherlinie bleiben und darf dann nicht links überholt werden. Auch weil der Stehersport andere Anforderungen an Breite, Überhöhung und Robustheit der Pisten stellt als die Sprint- und Verfolgungswettkämpfe, wurde er mittlerweile aus dem Programm der großen internationalen Meisterschaften verbannt.

**TANDEM:** Ein Sprint für Zweier-Teams auf einem Rad. Nach einem Qualifikationszeitfahren mit fliegendem Start über 200 Meter führen die Finals dann über Distanzen von knapp 1,5 km. Relativ sturzträchtig. Im Duett erfordern Stehversuche halt besonderes akrobatisches Geschick.

**ZEITFAHREN**: Ließe sich als eine Art »Prolog der Piste« skizzieren. Ein Einzelzeitfahren mit stehendem Start. Im Rahmen internationaler Veranstaltungen geht es für die Männer über 1000 Meter, die Frauen sind nach 500 Metern fertig. Bei den Weltmeisterschaften unternimmt jeder Teilnehmer seinen Versuch alleine auf der Bahn.

## ZAHLENSPIELE

*Sollte die Sesamstraße dereinst doch noch ein Herz für den Radrennsport entdecken, müsste sie Graf Zahl für die folgenden – zum Teil historischen – Rennen melden:*

**EINS:** Memorial Marco Pantani-Trofeo Mercatone Uno (ITA) / **ZWEI:** 2 Dias da Figueira da Foz (POR) / 2 Voltas a Loures (POR) / Circuit des Deux-Ponts (FRA) / Circuit des 2 Provinces (FRA) / East Riding Two-Day (GBR) / White Rose Two-Day (GBR) / Tamworth Two-Day (GBR) / Silver Spoon Two-Day (GBR) / Penn Two-Day (GBR) / Mercian Asphalt Two-Day (GBR) / Giro delle due Province (ITA) / Corsa dei Due Mari (ITA) / **DREI:** Drei-Länder-Rundfahrt (GER) / Tre Valli Varesine (ITA) / Circuit des 3 lacs (FRA) / Corsa Vittorio Emanuele III (ITA) / Three Days of Augusta (USA) / Redding Three-Days (USA) / Drei Tage von Antwerpen (BEL) / Newquay Three-Day (GBR) / KBC-Driedaagse De Panne-Koksijde (BEL) / Vuelta tres Cantos (ESP) / Triple Contra Reloy (COL) / Triple Sanyo (COL) / Corsa delle Tre Capitali (ITA) / E3-Prijs Harelbeke (BEL) / Giro delle Tre Province (ITA) / G.P. Triberg - Schwarzwald (GER) / Lubelski Wyscig 3 - Majowy (POL) / Omloop der drie Provinciën (BEL) / Trittico Premondiale (ITA) / Drei Tage von Rhede (GER) / Girvan 3 days Cycle Race (GBR) / Le Triptyque des Monts et Châteaux-Frasnes (BEL) / Les 3 jours de Vaucluse (FRA) / Record Driedaagse van West-Vlaanderen (BEL) / **VIER:** Vier Tage von Dünkirchen (FRA) / Circuit des quatre cantons (FRA) / Vier Tage von Aisne (FRA) / 4 Asy Fiata Autopoland (POL) / **FÜNF:** Surrey League Five-Day (GBR) / E5-Prijs-Heverlee (BEL) / **SECHS:** Circuit des six Provinces (FRA) / Zesbergenprijs-Harelbeke (BEL) / **ACHT:** Acht van Brasschaat (BEL) / Acht van Bladel (NED) / Acht van Chaam (NED) / **NEUN:** Prova Ciclistica Internacional 9 de Julho (BRA) / **ELF:** Circuit des 11 villes (BEL) / **FÜNFZIG:** G.P du cinquantenaire Lyon (FRA)

## »HANS DAMPF« RUDI ALTIG

*Die vielen Rollen des Mannes, der in Diensten privater und öffentlich-rechtlicher Fernsehanstalten stets im Juli tagtäglich lehrreiche Bonmots prägte wie: »Die Grillen habe ich heute auch noch nicht zirpsen gehört, was normalerweise in die Gegend hineinpaßt.«*

Jugendfußballer / Elektromechanikerlehrling / Bahnfahrer (u.a. Einzelverfolgung, Sprint, Madison) / Straßenprofi / Sportler des Jahres / Bundestrainer / Berater und PR-Mann einer Fahrradfabrik / Teamchef und sportlicher Leiter / Renndirektor

*Mehr als 300 Geladene besuchten die Jubiläumsgala, zu der Altig anlässlich seines 70. Geburtstages ins Kurhaus nach Bad Neuenahr gebeten hatte. Ein Blick in die Gästeliste:*

Mario Basler (Fußballer), Rainer Bonhof (Fußballweltmeister), Norbert Blüm (Politiker), Manfred Germar (Sprinter), Marie-Luise Marjan (Mutter Beimer aus der »Lindenstraße«), Ulrike Nasse-Meyfarth (Hochsprung-Olympiasiegerin), Sven Ottke (Boxweltmeister), Rudolf Scharping (Hobby-Radfahrer, Politiker und Präsident des Radsportbundes), Max Schautzer (Fernsehmoderator), Karl Schranz (österreichischer Skistar), Klaus Steinbach (Schwimmer & NOK-Präsident), Dieter Thoma (Skispringer), Rene Weller (Boxer), Klaus Wolfermann (Speerwerfer)

## RASANT & ANGRIFFSLUSTIG

RC Avanti Viechtach
R.V. Blitz Lauterbach
RV Eile Degerschlacht
RC Endspurt Herford 1954 e.V.
RV Flottweg 1910 Langendreer e.V.
RV Freie Bahn Lohnde v. 1907
RSC Komet Ludwigsburg
RC Musketier 1968 e.V. Wuppertal
RSC 1891 Orkan Havelberg e.V.
RV Pfeil Tübingen
RG Sprinter Emden
RC Sprintax Bielefeld e.V.
RSV Stahl Hennigsdorf e.V.
Stahlradverein Laatzen e.V.
RV Stahlroß Obernfeld
Spremberger Stahlwaden e.V.
RC Staubwolke Quadrath 74 e.V.
R.u.M.C. Sturm Hombruch e.V.
RSV Tempo Lieme 1904 e.V.
RC Titan Leverkusen 1963 e.V.
RV Torpedo Niederbrechen
RV Vorwärts 1898 Anspach

## RADSPORT IM VIDEOCLIP

*»Die Lieblingsband von Lance Armstrong sind angeblich die Red Hot Peppers oder so. Noch nie von denen gehört. Stammzuschauer werden aber sicher wissen, dass Queen meine Lieblingsband ist. Ich darf mich glücklich schätzen, dabei gewesen zu sein, als sie ihr Video zu ›Bicycle Race‹ drehten. Fünfzig nackte Frauen, die auf der alten Speedway-Bahn in Wimbledon Rad fuhren. Es war, als würde man in einer Bank arbeiten: Du siehst das ganze Geld, aber es gehört nicht dir und du darfst es nicht mit nach Hause nehmen.«*

***David Duffield, britische Kommentatorenlegende, kramt während einer Live-Übertragung in seinen Erinnerungen***

**KRAFTWERK: »TOUR DE FRANCE«**

Ein Klassiker. Die Elektronik-Pioniere von Kraftwerk schreiben die Tour-de-France-Hymne schlechthin, und zu klassischen Tour-Bildern gibt es eine ordentliche Portion Hechelei.

**QUEEN: »BICYCLE RACE«**

Ebenfalls ein Klassiker. Freddy Mercury will sein Rad fahren, und Dutzende unbekleideter Damen radeln durch die Lande.

**STYLE COUNCIL: »MY EVER CHANGING MOODS«**

Weniger bekannt, aber umso besser. Die britischen Stilikonen von Style Council lassen in ihrem Video zwei Radsportler im klassischen Achtzigerjahre-Radsportlook munter pedalieren.

## TROPHÄEN

*Wer im Radsport als Sieger geehrt wird, bekommt auf dem Podium neben einem Blumenstrauß, einem etwaigen Leadertrikot und den unvermeidlichen Küsschen von den Rennhostessen häufig auch eine Trophäe. Üblicherweise handelt es sich dabei um einen Pokal, der mal als silberne 80-Liter-Restmülltonne (fast alle Rennen in Italien), mal eher als Schnapspinnchen mit Deckel (»Radsportler des Jahres« bis ca. 1990) daherkommt. Oder um einen nichtssagenden Glasbaustein, den ein nicht grundlos unterbeschäftigter lokaler Künstler gestalten durfte. Die Ausnahmen:*

| | |
|---|---|
| Clasica San Sebastian | **Die Baskenmütze** |
| Deutschland-Rundfahrt | **Die sattellose Rennradskulptur** |
| Flandern-Rundfahrt | **Die Wasserschildkröten-Maulwurf-Kreuzung auf der Trispoke-Draisine** |
| GP Triberg | **Die Kuckucksuhr** |
| Katar-Rundfahrt | **Das Segelboot** |
| Kuurne–Brüssel–Kuurne | **Der Porzellan-Esel** |
| Lüttich–Bastogne–Lüttich/ Flèche Wallonne/Paris–Tours | **Die völlig verölte Vierfach-Kassette** |
| Paris–Roubaix | **Der Pflasterstein** |
| Rund um Köln | **Der Dom** |

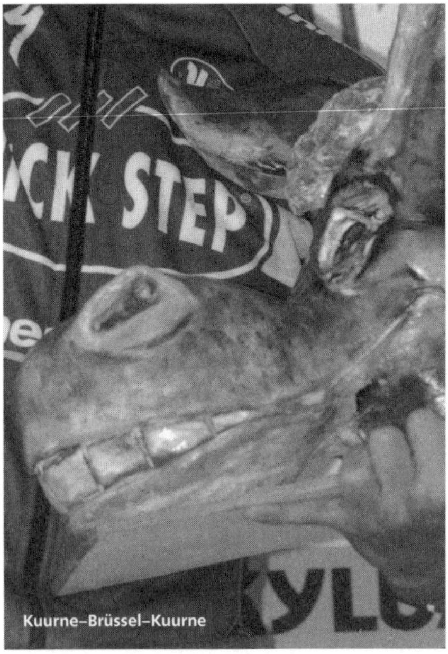

Kuurne–Brüssel–Kuurne

Clasica San Sebastian

*Übrigens: Die auf den Champs Élysées an den Sieger der Tour de France überreichte Trophäe heißt offiziell »Vase de Sèvres« und wurde 1969 von der Meissen-Konkurrenz der Manufacture Royale de Porcelaine in eben jenem Sèvres unweit des Schlosses von Versailles hergestellt.*

## DIE »ZWEITSPORTARTEN« DER RADSPORTREPORTER

| | | |
|---|---|---|
| Klaus ANGERMANN | (ZDF u. Eurosport) | Rennrodeln, NOK-Pressesprecher |
| Michael ANTWERPES | (ARD/SWR) | »Sag die Wahrheit« |
| Rudi CERNE | (ZDF) | »Aktenzeichen XY« |
| Jürgen EMIG | (ARD/HR) | Fußball, Agentur SMP (Sport, Marketing & Prod.) |
| Ulli JANSCH | (Eurosport) | Pferdesport, Ski nordisch, Schwimmen |
| Hans JUCKER | (SF) | Reitsport, Skisport |
| Peter KOHL | (DSF) | Motorsport, Handball |
| Florian KURZ | (ARD/WDR) | Eisschnelllauf |
| Peter LEISSL | (ZDF) | Leichtathletik, Skilanglauf, Triathlon |
| Florian NASS | (ARD/HR) | Handball |
| Michael PFEFFER | (ZDF) | Ski alpin, Boxen |
| Ron RINGGUTH | (Eurosport) | Motorrad, Bob, Gewichtheben |
| Herbert WATTEROTT | (ARD/WDR) | Eishockey, Kölner Rosenmontagszug |
| Peter WOYDT (†) | (Eurosport) | Leichtathletik, Eisschnelllauf |

## DIE RADSPORTHISTORIKER

*Die Stationen hießen San Remo und Osaka, Tampere und Toronto, Cambridge und Canberra, die Protagonisten sind ambitionierte Hobby-Forscher ebenso wie arrivierte Akademiker. Seit 1990 treffen sich Jahr für Jahr zahlreiche Kenner und Freunde der Fahrradhistorie irgendwo auf der Welt zur »International Cycling History Conference«, um Vorträgen zu ihrem Herzensthema zu lauschen, die von bemerkenswerter Akribie und leidenschaftlicher Neugier künden. Und von vielfältigen Forschungsgegenständen, wie zum Beispiel die Agenda der 1992er Tagung in Neckarsulm zeigt:*

Anton Burg und Sohn – die Wiener Manufaktur von Draisinen (Walter Ulreich) / Aufzeichnungen über Vernon Blake (Roland Sauvaget) / Das Laufrad von Drais. Exposé für eine Folge der Serie »Meilensteine aus Naturwissenschaft und Technik« (Herbert Studtrucker) / Die Fahrradindustrie in Birmingham in den Jahren 1890-1920 (Andrew Millward) / Eins von Velocios Fahrrädern: Ein Crypto-Fahrrad mit Whippet-Kettenschaltung (Raymond Henry) / Fahrrad und Wissenschaft – von Von Drais bis heute (Hans-Erhard Lessing) / Fichtel & Sachs: Zur Geschichte des erfolgreichsten Unternehmens in der deutschen Fahrradindustrie (Volker Briese) / Hans Renold und die Geburt der Fahrradkette (Nicholas Clayton) / Heißes Eisen. Das Fahrrad und der Motor (Paul Simsa) / Kirkpatrick MacMillan – Erfinder des Fahrrads: Tatsache oder nur Erzählung? (Alistair Dodds) / Lewis Gompertz und seine »Zugabe« zu den Draisinen (Les Bowerman) / Mit dem Fahrrad in die Freiheit. Kultur- und sozialgeschichtliche Aspekte des Fahrrades im Spiegel der Literatur (Waltraud Wende) / »So gut wie neu«: Einstellungen über die Authentizität bei der Fahrradrestaurierung und -konservierung (Nicholas Oddy) / Start in der Krise – Union Fröndenberg. Zur Geschichte eines Unternehmens der deutschen Fahrradteile-Industrie (Wilhelm Matthies) / »Svea« (1892) und »Itera« (1982): Zwei erfolglose schwedische Fahrradprojekte (Jan Hult) / Vom Abenteurer zum Radrennfahrer – Sozialgeschichtliche Entwicklungen in der frühen Radsportgeschichte (Rüdiger Rabenstein)

## RADSPORTLICHES KINO

**SIXDAY RACER** (USA): Etwas überdrehte amerikanische Komödie aus den 1940ern über einen Fahrradkurier, der ein großes Sechstagerennen gewinnt. In der Hauptrolle: Warner-Star Joe E. Brown, der seinen größten Auftritt später in »Manche mögen's heiß« haben sollte.

**FAHRRADDIEBE / LADRI DI BICICLETTE** (Italien, 1948): Die Geschichte eines Tagelöhners, der endlich Aussicht auf einen Job hat – wenn er denn sein gestohlenes Rennrad wiederbekommt. Frühes Meisterwerk des italienischen Neorealismus. Depressive Bilder und Dialoge fangen die Stimmung jener Zeit perfekt ein. Nach einem Roman von Luigi Bartolini.

**TOTO AL GIRO D'ITALIA** (Italien, 1948): Aus einer italienischen Komödienserie. Gino Bartali, Fausto Coppi, Louison Bobet, Ferdi Kübler, Fiorenzo Magni, Briek Schotte und Kollegen dürfen sich selbst spielen.

**UM EINE NASENLÄNGE** (Deutschland, 1949): Theo Lingen im Duell mit Hans Moser. Zeitungsausfahrer Felix gibt sich als Radrennfahrer Willy aus, um der schönen Annie zu imponieren. Selbstredend mit Happy End.

**A BOY, A GIRL AND A BIKE** (Grossbritannien, 1949): Dreiecksgeschichte um eine schöne Frau aus bescheidenen Verhältnissen, einen Amateurradsportler und einen betuchteren Autofetischisten, der die Freuden des Fahrradfahrens für sich entdeckt. Inklusive urplötzlicher Rauchpause während der Rennradrunde.

**IMMER DIE RADFAHRER** (Österreich, 1958): Die urkomische Romanvorlage, »Three Men on a Bummel« von Jerome K. Jerome, ist leider nur noch vage wiederzuerkennen, wenn Heinz Erhardt, Hans Joachim Kulenkampff und Wolf Albach-Retty zur Burg Steinach radeln.

**SATURDAY NIGHT AND SUNDAY MORNING** (Grossbritannien, 1961): Britische Romanverfilmung, die im mittelenglischen Arbeitermilieu der fünfziger Jahre angesiedelt ist. Protagonist Arthur Seaton malocht, gespielt von Albert Finney, in der Raleigh-Fabrik in Nottingham.

**SCHUSSFAHRT NACH SAN REMO** (Frankreich, 1968): Die Radsport-Kultkömodie mit André Bourvil. Auf der Flucht vor dem Gerichtsvollzieher gerät Jules Auguste Duroc, der soeben den Freilauf erfunden hat, per Zufall in das erste Radrennen von Paris nach San Remo.

**TEN SPEED** (USA, 1976): Zwei Werbefuzzis messen sich in einem 400-Meilen-Rennen von San Francisco nach Malibu.

**20 SHADES OF PINK** (USA, 1976): Mitten in der Midlife Crisis entdeckt ein gefrusteter Anstreicher den Radsport für sich und macht sich schon Hoffnungen, seine attraktive Trainingspartnerin würde ihn anhimmeln. Dabei will sie ihn doch nur fit für sein erstes Seniorenrennen machen.

**BREAKING AWAY – WIR SCHAFFEN ALLES** (USA, 1979): Mit dem Drehbuch-Oscar ausgezeichneter Film über einen Außenseiter mit einer Passion für italienischen Radsport. Mit Dennis Quaid in seiner ersten Rolle, Dennis Christopher als Hauptdarsteller und bemerkenswerten Actionszenen, bei denen auch schon mal aufs kleine Kettenblatt geschaltet wird, um richtig auf Touren zu kommen und im Duell mit einem Lastwagen zu bestehen.

**EINE ANGELEGENHEIT UNTER MÄNNERN** (Frankreich, 1981): Im Radsportklub freundet sich Jean-Louis Trintignant mit einem Detektiv an, der ihm unwissentlich hilft, den Mord an seiner Frau zu vertuschen. Die wöchentliche Vereinsausfahrt wird zum Alibi.

**KEY EXCHANGE** (USA, 1985): Die Geschichte zweier Radsportfreunde aus New York City.

**PEE-WEE'S BIG ADVENTURE** (USA, 1985): »Auf der Suche nach dem verlorenen Rad«. Derselbe Plot wie »Fahrraddiebe« – nur nach Amerika verpflanzt und auf plemplem getrimmt.

**DIE SIEGER – AMERICAN FLYERS** (USA, 1985): Klassisches Sportlerdrama mit Kevin Costner als krebskrankem Sportarzt Marcus, der seinen labilen Bruder David überredet, mit ihm für die »Hölle des Westens« zu trainieren: das große Radrennen durch die Rocky Mountains. Und natürlich hat's David richtig drauf – auch wenn er gern mit Cowboy-Hut auf dem Rennrad sitzt.

**OFF THE MARK** (USA, 1987): Unter Spasmen leidender Nachwuchssportler muss sich in einem Triathlon mit einem russischen Rivalen messen, den seine Familie Jahre zuvor als Austauschschüler beherbergt hatte.

**BICYCLERAN** (IRAN, 1987): Alles dreht sich. Um Medikamente für seine kranke Frau bezahlen zu können, lässt sich der afghanische Brunnenbauer Nasim auf den Vorschlag eines Promoters ein, der ein perfides Zuschauerspektakel ausgeheckt hat: Sieben Tage, sieben Nächte soll Nasim mit dem Rad im Kreis fahren.

**CYCLO** (FRANKREICH/VIETNAM, 1995): Die Asia-Variante von »Fahrraddiebe«. Verzweifelter Rikschafahrer wird von seinem Chef zu immer riskanteren Verbrechen gezwungen.

**POUR RIER!** (FRANKREICH, 1996): Französische Ornella-Muti-Komödie mit Gilbert Duclos-Lassalle in einer Nebenrolle – natürlich als Radrennfahrer.

**2 SECONDS** (KANADA, 1998): Auf Französisch abgedrehter Spielfilm um eine Mountainbikerin, die in »zwei Sekunden« alles zu verlieren scheint. Einmal kurz gezögert und schon ist der Sieg verschenkt und damit auch der Job futsch. In Montreal fängt sie noch einmal von vorne an – wie gehabt im Fahrradsattel, doch diesmal als Radkurierin...

**THE DAY I BECAME A WOMAN** (IRAN, 2000): Episodenfilm über die Diskriminierung iranischer Frauen. In der Radsportfolge nimmt ein Mädchen namens Ahoo mit anderen in schwarze Burkas gehüllten Frauen an einem Radrennen teil – verfolgt von ihrem fuchsteufelswilden Ehemann.

**LE VÉLO DE GHISLAIN LAMBERT** (BELGIEN, 2001): In den Siebzigern gibt es Merckx und es gibt die anderen. Ghislain Lambert ist fraglos einer der anderen. Ein durchschnittlicher belgischer Radrennfahrer. Sein innigster Wunsch? Einmal ein Rennen gewinnen. Seine besondere Tragik? Er hat einfach nicht die Beine, die sein großes Radsportherz verdient hätte.

**CYCLOMANIA** (FINNLAND, 2002): Ein Sommer in Helsinki. Die beiden Freunde K. und Eetu scheinen unzertrennlich. Tagsüber arbeiten sie zusammen als Fahrradkuriere, jeden Abend trainieren sie, um sich für die finnische Jugendnationalmannschaft zu qualifizieren. Doch dann wird ihre Freundschaft auf eine harte Probe gestellt: K. legt heimlich Zusatzschichten ein, um Eetu zu überflügeln, und beide haben ein Auge auf die neue Kurierkollegin Oona geworfen.

**DAS RENNEN VON BELLEVILLE** (FRANKREICH, 2003): Dieser wahrlich bezaubernde Zeichentrickfilm für Erwachsene erzählt die Geschichte vom jungen Velo-Helden Champion, seiner Großmutter Madame Souza, dem neurotischen Hund Bruno, der Radsport-Wettmafia und den aufs Altenteil verfrachteten Showstar-Schwestern »Les Triplettes de Belleville«.

**NASU – Ein Sommer in Andalusien** (JAPAN, 2004): Radsport in typisch japanischer Anime-Ästhetik. Der Held heißt Pepe und startet bei der Spanien-Rundfahrt, die just an jenem Tag durch sein Heimatdorf kommt, an dem sein älterer Bruder seine Ex ehelicht.

**FLYING SCOTSMAN** (GROSSBRITANNIEN, 2007): Die wahre Geschichte des schottischen Eigenbrötlers Graeme Obree, der auf einem selbst zusammengeschweißten Rad sensationell zum Stundenweltrekord rast – und nur haarscharf am Suizid vorbeischrammt.

## WORÜBER SICH RENNRADFAHRER STREITEN KÖNNEN

Darf ein Hobbyfahrer ein Profitrikot tragen?
Noch dazu ein aktuelles?
Sind ärmellose Trikots nur bei Triathleten tolerierbar?
Geht zur Not auch mal ein schlabberndes Flattertrikot?
Oder muss obenrum alles engstens anliegen?
Wie kurz dürfen Radhosen eigentlich sein?
Sind außer Weiß noch weitere Sockengrundfarben tragbar?
Dürfen Socken tatsächlich nur so eben die Knöchel verdecken?
Verspielen Leute, die »unberechtigterweise« in ein Wertungstrikot der Tour
oder gar in etwas mit Weltmeisterbündchen schlüpfen, automatisch jeden Respekt?
Müssen die Haxen rasiert sein? Und wenn ja, bis wohin?
Ist Gesichtsbehaarung zu blanken Waden ein absolutes »no-go«?
Shimano oder Campa?
Zweifach oder Dreifach?
Darf ein Rennrad – außer dem kaum vernehmbaren Sirenengesang
einer gut geölten Kette – irgendwelche Geräusche fabrizieren?
Besteht Helm- oder Mützenpflicht?
Sind kleinste Schmutzspuren an Material und Schuhen noch zu verschmerzen?
Müssen die Ventilkappen auf jeden Fall runter?
Dürfen Rennradbesitzer, die ihr Geld beim Versender angelegt haben,
auf den Service des Fahrradhändlers vor Ort zählen?
Sollte man den Sport lieber schleunigst aufgeben, wenn man regelmäßig
Kettenblattabdrücke auf den Waden spazieren fährt?
Dürfen Rennradfahrer aus dem Rucksack trinken, oder ist
der Camelbak den Mountainbikern vorbehalten und auf dem Renner der Bidon Pflicht?
Besteht Grußpflicht bei entgegenkommenden Rennradfahrern?
Oder nur bei denen, die all diese Fragen genauso beantworten würden wie man selbst?

## ZEHN MARKANTE RADSPORTBAUWERKE

| | |
|---|---|
| Arc de Triomphe, Paris | Wendepunkt auf den Schlussrunden der Tour de France. |
| Henninger Turm, Frankfurt | Am 1. Mai traf sich Radsport-Elite am früheren Braugerste-Silo. |
| Kapelle vom Oudeberg | Spendet Segen, wenn die Muur van Geraardsbergen erklommen ist. |
| Kathedrale von Mailand | Wirft Schatten auf den Classicissima-Start. |
| Köhlbrandbrücke, Hamburg | Schon einer von Deutschlands schwersten »Klassiker«-Anstiegen. |
| Madonna del Ghisallo | Eine kleine Kapelle am Comer See als Schrein des Radsports. |
| Notre Dame des Neiges | Läutet in Zielnähe ihre Glocken für die Sieger in Alpe d'Huez. |
| »Réveil-Matin«, Montgeron | Das Café, vor dem die erste Tour de France begann. |
| Schmitze Bud, Köln | Der Kiosk als traditionsreicher Radsporttreffpunkt. |
| Velodrom von Roubaix | Glattes Ende eines holprigen Rennens. |

## KULINARISCHE RTFs

| | | |
|---|---|---|
| Bauschheimer Weinfass-RTF | SKG Bauschheim e.V. | HES |
| Bocksbeuteltour | TG Velo Kitzingen e.V. | BAY |
| Butterkuchenfahrt | TSV Barrien v. 1913 e.V. | NDS |
| Federweiße-Tour | RV 1908 Dudenhofen e.V. | RLP |
| Forster Kuchentour | Polizei-SV 1893 Forst e.V. | BRA |
| Giro del Costa Granata* | SV Nordenham e.V. | NDS |
| Petermännchen-Tour* | Schweriner RV v. 1899 e.V. | MEV |
| Pirker-Zoigl-Tour* | VC Concordia Pirk e.V. | BAY |
| Pott's Blitz Marathon* | RSV Schwalbe Oelde 1920 | NRW |
| Rheingauer-Riesling-Tour | RSV Eltville 1989 e.V. | HES |
| Spargeltour | RSV Schrobenhausen e.V. | BAY |
| Steinfurter Pumpernickel-RTF | RSV Friedenau Steinfurt 1962 e.V. | NRW |
| Tortellinitour | RC Lüdenscheid '98 e.V. | NRW |
| Tuniberger Spargelfahrt | Rad-Club Opfingen e.V. | BAD |

* Costa Granata ist eine scherzhafte Bezeichnung für die ostfriesische Nordseeküste – in Anlehnung an den Granat, die Nordseegarnele. / Beim Petermännchen handelt es sich um einen Speisefisch mit giftigen Flossenstacheln. / Pirker Zoigl ist ein ungefiltertes, untergäriges Bier eines lokalen Brauhauses. / Pott's heißt ebenfalls eine ortsansässige Brauerei.

## DAS WAHRE TEAM »RC ARBÖ WELS–GOURMETFEIN«

Karl Heinz BOHNEN (Maes) GER19530304
Ildebrando GAMBERINI (Felsina) ITA18840910
Mario CIPOLLINI (Rock Racing) ITA19670322
Maarten DEN BAKKER (Skil) NED19690126
Matteo FRUTTI (Lampre) ITA19750129
Bernhard KOHL (Gerolsteiner) AUT19820104
Iban MAYO (Euskaltel) ESP19770819
Rene OBST (Team 3c) GER19770621
Frans BONDUEL (Dilecta) BEL19090926
Paul CHOCQUE (La Perle) FRA19100714
Emilio CROCI-TORTI (Cilo) SWI19220406
Oscar EGG (Peugeot) SWI18900302
Charles GROSSKOST (Bic) FRA19440305
Karl LITSCHI (Mondia) SWI19120427
Filippo MELONI (Amore & Vita) ITA19690610
Dieter RUNKEL (WordPerfect) SWI19661221

***Saisonhöhepunkte:*** *Dutch Food Valley Classic, Classic Haribo, Gala Tour de France*

## DAS WAHRE TEAM »GETRÄNKE HOFFMANN«

Antonio BEVILACQUA (Doniselli) ITA19181022
Salvador BOTELLA (Faema) ITA19300320
Emanuelle MERLOT (Vienne-Futuroscope) FRA19861001
Louis PROOST (Carpano) BEL19350407
Omer TAVERNE (Alcyon-Dunlop) BEL19040727
Camille BIERE (J.B. Louvet) FRA18890913
William FRISCHKORN (Garmin) USA19810610
Roland PILS (Bosch-Sport Kärnten) AUT19730224
Tino TABAK (Raleigh) NED19460506

***Saisonhöhepunkte:*** *Rund um den Henninger Turm, Amstel Gold Race, Coppa Citta di Asti, Trofeo Karlsberg, Rothaus Regio-Tour, Milk Ras, Vuelta Ciclista a la Rioja*

## RADBALLHOCHBURGEN – EINST & HEUTE

**1. Radball-Bundesliga 1993**
(nach Ende der Punktspiele)

| | | |
|---|---|---|
| 1. Lauterbach I | 129:48 | 41:03 |
| 2. Lieme | 126:79 | 34:10 |
| 3. Hannover | 121:77 | 34:10 |
| 4. Stadtilm | 104:113 | 23:21 |
| 5. RKN Hameln | 71:89 | 23:21 |
| 6. Gärtringen | 93:98 | 22:22 |
| 7. Weil i. Schönb. | 79:81 | 21:23 |
| 8. Münster | 69:87 | 19:25 |
| 9. Iserlohn | 87:113 | 17:27 |
| 10. Lauterbach II | 79:93 | 15:29 |
| 11. Lippersdorf | 71:106 | 9:35 |
| 12. Großkoschen | 76:125 | 6:38 |

**Radball-Bundesliga 2007/2008**
nach der 6. Spielrunde

| | | |
|---|---|---|
| 1. SV Ehrenberg | 52 | 97:57 |
| 2. RV Gärtringen 1 | 50 | 109:66 |
| 3. SV Eberstadt | 47 | 98:64 |
| 4. RV Hechtsheim | 42 | 92:63 |
| 5. RSG Ginsheim | 40 | 101:73 |
| 6. RVS Obernfeld | 39 | 74:43 |
| 7. RV Gärtringen 2 | 29 | 65:84 |
| 8. RVI Ailingen | 22 | 71:93 |
| 9. SV Nordshausen | 20 | 40:62 |
| 10. GSV Baunatal | 18 | 75:116 |
| 11. RVS Oberneuland | 14 | 51:98 |
| 12. RSV Zscherben | 7 | 42:96 |

## WARUM SICH RENNFAHRER DIE BEINE RASIEREN

...weil sie den Eindruck perfekt modellierter Schenkel nicht durch Wolle trüben wollen.
...weil sie es für einen ästhetischen Affront halten, wenn Beinhaare sich durchs Lycra zwirbeln.
...weil sie ihren Masseur vor Brandblasen in den Händen schützen wollen.
...weil auch sie selbst die Massage blanker Haxen als angenehmer empfinden.
...weil sie Luftverwirbelungen fürchten,
die sie in einstündigen Zeitfahren die entscheidende Reifenbreite kosten könnten.
...weil die Wundversorgung bei nackten Oberschenkeln einfacher und schmerzloser ausfällt.
...weil sich enthaartes Fleisch unter Umständen seltener entzündet.
...weil sie es einmal gemacht haben und nun nicht mehr davon lassen können.
...weil sie es einmal gemacht haben und nun nichts schlimmer finden
als die Stoppeln, die da nachwachsen.
...weil sie den Akt der Rasur als sinnliche körperliche Erfahrung erleben.
...weil es der traditionelle, von Generation zu Generation vererbte Initiationsritus ist,
der aus einem Rennradfahrer einen Radrennfahrer macht.
...weil es geht.

## BEKLEIDUNGSGELD

*Kosten für Wettkampfbekleidung, die der Verband Swiss Cycling den für die Straßenweltmeisterschaft 2007 nominierten Fahrerinnen und Fahrern in Rechnung stellen wollte:*

Kurzarmtrikot: 75,50 Franken
Langarmtrikot: 115 Franken
Zeitfahrkombi kurz: 161 Franken
Zeitfahrkombi lang: 181 Franken

Die Begründung von **Lorenz Schläfli**, Geschäftsführer von Swiss Cycling: »Weil wir die bedruckten Trikots nicht mehr verwenden können, stellen wir sie den Profis und Frauen in Rechnung. Dafür haben sie die ganze Werbung der Trikots für sich.« Die Reaktion von **Fabio Cancellara**: »Es ist sicher nicht so, dass wir dieses Geld nicht hätten. Aber irgendwo ist die Grenze erreicht. Unsere Lizenzen werden erhöht, wir zahlen die Spesen selbst und jetzt dies. Irgendwas ist faul bei Swiss Cycling!«

## TOUR-DE-FRANCE-STARTS IM AUSLAND

1954: Amsterdam (NED) / 1958: Brüssel (BEL) / 1965: Köln (GER) / 1973: Scheveningen (NED) /
1975: Charleroi (BEL) / 1978: Leiden (NED) / 1980: Frankfurt a.M. (GER) / 1982: Basel (SWI) /
1987: Berlin (GER) / 1989: Luxemburg (LUX) / 1992: San Sebastian (ESP) /
1996: s'Hertogenbosch (NED) / 1998: Dublin (IRE) / 2002: Luxemburg (LUX) /
2004: Lüttich (BEL) / 2007: London (GBR) / 2009: Monaco (MON)

## PEDALIEREN FÜR DIE MENSCHENRECHTE

*2006 standen die Mitglieder des Teams »Saunier Duval« Pate für die 30 Menschenrechte der UN. Oft hätten sich im Peloton und Tross jedoch einleuchtendere Paten finden lassen (in Klammern).*

| | |
|---|---|
| **Jeder Mensch hat...** | |
| überall Anspruch auf Anerkennung als Rechtsperson | David de la Fuente |
| Anspruch auf eine Lebenshaltung, die Gesundheit und Wohlbefinden gewährleistet. | Guido Trentin (Roger Rivière - R.I.P.) |
| ein Recht auf Arbeit, auf freie Berufswahl sowie auf Schutz gegen Arbeitslosigkeit. | Riccardo Riccó (Patrick Sinkewitz) |
| Anspruch auf wirksamen Rechtsschutz. | Juan José Cobo (Jürgen Emig) |
| das Recht auf Leben, Freiheit und Sicherheit. | Rubens Bertogliati (Graeme Obree) |
| Anspruch auf Gedanken-, Gewissens- und Religionsfreiheit. | Javier Mejías (David Clinger) |
| das Recht auf freie Meinungsäußerung. | Peter Mazur (Riccardo Ricco) |
| solange als unschuldig zu gelten, bis seine Schuld nachgewiesen ist. | Arkaitz Durán (Jan Ullrich) |
| das Recht eine Ehe zu schließen und eine Familie zu gründen. | Koldo Gil (Jacques Anquetil – R.I.P.) |
| Anspruch auf Erholung und Freizeit. | Christophe Rinero (Udo Bölts) |
| Anspruch auf ein Verfahren vor einem unabhängigen Gericht. | José Alberto Benítez (Floyd Landis) |
| das Recht, am kulturellen Leben frei teilzunehmen. | Carlos Zarate (Marco Pantani – R.i.P.) |
| Anspruch auf eine Staatsangehörigkeit. | Ángel Gómez (Andrei Tschmil) |
| ein Recht auf Eigentum. | Rubén Lobato (Freddy Maertens) |
| das Recht auf Asyl. | J.A. Gómez Marchante (S. Wesemann) |
| als Mitglied der Gesellschaft Recht auf soziale Sicherheit. | Marco Pinotti (Johan van der Velde) |
| das Recht auf Freizügigkeit. | Nicolás Fritsch (Mario Cipollini) |
| das Recht auf Versammlungsfreiheit. | Aaron Olson (Gustav-Adolf Schur) |
| Pflichten gegenüber der Gemeinschaft. | Oliver Zaugg (Lance Armstrong) |
| **Alle Menschen sind...** | |
| frei und gleich an Würde und Rechten geboren. | Gilberto Simoni |
| vor dem Gesetz gleich. | David Cañada |
| **Der Wille des Volkes...** | |
| bildet die Grundlage für die Autorität der öffentlichen Gewalt. | Luciano Pagliarini |
| **Niemand darf...** | |
| willkürlichen Eingriffen in sein Privatleben oder auf seinen Ruf ausgesetzt werden. | Alberto Fernández de la Puebla |
| der Folter oder erniedrigender Behandlung unterworfen werden. | Leonardo Piepoli (Lomme Driessens) |
| willkürlich festgenommen oder des Landes verwiesen werden. | Charles Dionne (Cees Priem) |
| **Sklaverei und Sklavenhandel** sind in allen Formen verboten. | Manuele Mori (Manolo Saiz) |
| **Jeder Mensch hat** Anspruch auf die hier verkündeten Rechte und Freiheiten. | David Millar (ebd.) |

## DAS »RADFAHRERGEBET« DER MADONNA DEL GHISALLO

*Oh Madre del Signore Gesù,*
*ti preghiamo di volerci benignamente*
*assistere e proteggere*
*nelle nostro attività ciclistiche.*

Oh Mutter unseres Herrn Jesus,
wir bitten Dich, uns gütig beizustehen
und uns zu beschützen
in unserem radsportlichen Tun.

## MISSVERSTÄNDNISSE VOR MILLIONENPUBLIKUM

*Die Kabine ist klein, der Monitor noch viel kleiner. Erst sind Stunden, in denen kaum etwas passiert, mit sinnvollen Wortbeiträgen zu füllen, dann überschlagen sich die Ereignisse und die Bildregie hinkt den Attacken an der Spitze des Rennens ständig hinterher. Angesichts solcher Arbeitsbedingungen sind Radsportreportern all ihre kleinen Missverständnisse selbstredend verziehen. Fast alle.*

Eurosport, Tour de France 2008. Es läuft die Etappe nach Alpe d'Huez. Im Tal vor dem Croix de Fer verscheucht Cadel Evans mit Winkbewegungen das Kameramotorrad und greift sich, während ein Mannschaftskollege ihn anschiebt, in die Hose. Kommentar Andreas Schulz: »Vermutlich richtet er seinen Funk.«

ARD. »Tour en bloc« im Jahr 2003: »Das Schwierigste steht den Fahrern noch bevor. Es folgt der 2645 Kilometer hohe Galibier.«

Nochmal die Tour von 2003. Diesmal die Pyrenäen und Karsten Migels (Eurosport): »Jetzt wird der Obelisque passiert.«

Migels, die Zweite: »Von Luttenberger hat man im Laufe dieser Tour auch noch nicht viel gesehen. Er fährt doch ziemlich unaufmerksam!«

Dreimal ist Migels' Recht. Kollegial zu Jens Heppner, der ihm u.a. als Jan-Ullrich-Experte zur Seite sitzt: »Tja, wer soll das wissen. Du hast ja mit ihm geschlafen. [*Kleine Bedenkpause*] Ich meine natürlich im gleichen Zimmer.«

Tour 2008. Technikkunde bei der ZDF-Übertragung: »Er ölt die Kette nach. [*Kleine Bedenkpause*] Sonst kann sie leicht reißen. [*Kleine Bedenkpause*] Vor allem wenn sie heiß läuft...«

Tour 2003. Turnstunde mit Michael Pfeffer (ZDF): »Und jetzt Sacchi mit dem Pferdesprung!«

Tour 2008. Expertenrunde bei der ARD. Anchorman Antwerpes: »Könnte Cavendish auch auf der Bahn was reißen?« Reporter Nass: »Ach, er ist dort unter anderem Weltmeister...«

1998 startete die Vuelta erstmals im Ausland, was gleich für helle Aufregung bei portugiesischen Militärs sorgte, weil unbekannte Flugobjekte auf dem Radar auftauchten. Bald darauf zwangen Kampfjets die TV-Hubschrauber zur Landung. Eine Dreiviertelstunde lang gab es keine Live-Bilder vom Rennen.

Rund um den Henninger Turm 1996. Der große Auftritt des Werner Damm (HR): »Gratulation zum Sieg!« Der beglückwünschte Bjarne R.: »Ehh, ich habe nicht gewonnen.« Ein perplexer Werner D.: »Oh, ähh. Sie sind nicht Beat Zberg?«

*Und nein, Jens Heppner: Eine Bergwertung »hors catégorie« hat nichts mit Pferden zu tun.*

## BESUNGENE RENNFAHRER

Der Champion und der Bandit. Eine ungewöhnliche Freundschaft pflegte der zweifache Giro- und sechsfache Mailand–Sanremo-Sieger **Costante Girardengo** zu dem Banditen Sante Pollastri. Der war zwar seinerzeit einer der meistgesuchten Verbrecher Italiens, konnte sich dem Zugriff der Polizei jedoch immer wieder entziehen – bis diese ihm schließlich bei einem Rennen des Freundes in Zielnähe auflauerte. Der italienische Musiker Francesco de Gregori erinnerte Anfang der Neunziger in der etwas schwülstig geratenen Ballade »Il Bandito e il Campione« an diese Episode. +++ Als Huldigung an **Carlos Sastre** hat das Symphonierorchester La Banda de Música de Ávila unter Leitung von Juan Carlos de la Fuente schon vor dem Tour-Sieg des Spaniers eine nach ihm benannte Partitur einstudiert und Anfang 2008 uraufgeführt. Der Klassik-»Carlos Sastre« überrascht mit einer witzigen Passage, in der das ganze Orchester aufhört zu spielen und stattdessen das Japsen eines Rennfahrers imitiert, der sich eine steile Rampe hinaufquält. +++ Sticks & Delic heißt eine der angesagtesten HipHop-Formationen der Niederlande. Und die ließ es sich in »Goeiedag Verder« nicht nehmen, den Sprechgesang auf den erfolgreichsten Radsportler ihres Landes zu erheben: »De flow doet goed voor elk, **Joop Zoetemelk**.« +++ Weiterhin auf der Playlist stehen die Songs:

| **Fahrer** | **Band/Interpret** | **Titel** |
|---|---|---|
| Djamolidine Abdoujaparov | Abdoujaparov | »Abdoujaparov Theme« |
| Joaquim Agostinho | Romain Didier | »Agostinho c'est toi le plus beau« |
| Lance Armstrong | Transphèr | »T'as raison Lance« |
| Louison Bobet | Ludwig von 88 | »Louison Bobet forever« |
| Ferdinand Bracke | Armand Gerard | »Dedie au grand champion« |
| Bernard Hinault | Michel Delbeck | »Cèst l'Blaireau« |
| Miguel Indurain | Fred Poulet | »Walking Indurain« |
| Laurent Jalabert | Monsieur Martino | »Laurent Jalabert« |
| Laurent Jalabert | Les Fascagats | »Y pas d'E.P.O. dans la musette à Jaja« |
| Jeannie Longo | Katerine | »Comme Jeannie Longo« |
| Eddy Merckx | Stella | »Eddy Merckx« |
| Marco Pantani | Les Wampas | »Rimini« |
| Richard Virenque | Les Têtes Coupés | »Vas-y Virenque« |
| Jens Voigt | Ingo Eichberg | »Hey Voigte« |

## MARATHONZEITEN PENSIONIERTER RADPROFIS

Rolf ALDAG – 2:42:54 h – Hamburg
Lance ARMSTRONG – 2:46:43 h – New York
Udo BÖLTS – 2:54:14 h – Kandel-Marathon
Laurent JALABERT – 2:55:39 h – New York
Abraham OLANO – 2:39:19 h – San Sebastian
Marcel WÜST – 4:31 h – Köln

## AUF DEN HUND GEKOMMEN

»Scheiß Tour! Den ganzen Tag voll geblocht, in den Abfahrten im Nebel das Leben riskiert, den ganzen Tag große Beinschmerzen und eine Heidenschinderei! Und am Ziel total kaputt und 27 Min. Rückstand. Danach noch eineinhalb Stunden mit dem Auto ins Hotel. Wenn man das alles mit einem Hund machen würde, würde der Tierschutzverein eingreifen, aber wir sind ja nur Rennfahrer«, notierte **Rolf Järmann** während der Tour 1997 in seinem Internet-Tagebuch. +++ Bei der Tour de France '47 hat **Edouard Fachleitner** jeden Abend zu Hause angerufen, um mit seinem Hund zu reden. +++ Streunende Hunde haben zahlreiche, zum Teil fatale Stürze provoziert. Besonders tragisch: Der Portugiese **Joaquim Agostinho**, Ende der Siebziger zweimal zu Gast auf dem Podium der Tour, wurde auf der fünften Etappe der Algarve-Rundfahrt 1984 von einem Hund angefallen. Er stürzte schwer auf den Kopf, rappelte sich auf und beendete die Etappe. So konnte er erst mit stundenlanger Verzögerung in einem Lissabonner Krankenhaus operiert werden, in dem er zehn Tage später seinen Verletzungen erlag. +++ Allein bei der Tour 2007 traten gleich zwei Hunde in Aktion: Während der neunten Etappe von Val d'Isere nach Briançon stieß **Markus Burghardt** mit einem Golden Retriever zusammen, machte einen abrupten Sattelflip über den Lenker und konnte den Aufprall auf den Asphalt nur mit den Händen abfangen. Er zog sich keine schwereren Verletzungen zu und konnte das Rennen fortsetzen. Das Tier blieb bei dem Unfall ebenfalls unverletzt. Auf der achtzehnten Etappe dann kollidierte Frederik Willems vom Team Liquigas mit einem Hund, woraufhin der Franzose **Sandy Casar** über den Belgier stürzte. Ein gutes Omen für Casar: Er gewann die Etappe vor Axel Merckx. +++ **Pascal Richard** wurde 1999 vor dem Start der dritten Etappe von Tirreno-Adriatico von einem Schäferhund gebissen. Der Olympiasieger von Atlanta 1996 ließ sich kurz behandeln und konnte dann die Etappe bestreiten. Nach der Zielankunft fuhr er mit Teamchef Stefano Giuliani ins Krankenhaus nach Avezzano, um sich zur Sicherheit eine Tetanus-Spritze geben zu lassen. +++ Auch in der Operación Puerto, der Dopingaffäre um den spanischen Sportarzt **Eufemiano Fuentes** spielten Hunde eine pikante Nebenrolle. In den Akten und auf Blutbeuteln tauchten mehrfach Codenamen auf, die sich auf die vierbeinigen Freunde von Radprofis bezogen. Jörg Jaksche gestand, dass er bei Fuentes unter dem Namen seines Hundes als »Bella« firmierte. Hinter »Valv.Piti« soll sich demnach Alessandro Valverde verbergen, dessen Schäferhündin »Piti« heiße. Ivan Basso taucht in den Listen als »Birillo« auf. +++ Der spanische Radprofi **Jesus Manzano** klagte 2004 im Zuge seiner Beichte in der Sporttageszeitung »AS«, sein früherer Rennstall Kelme habe systematisches Blutdoping betrieben. Er selbst habe unter anderem zu Oxyglobin gegriffen, einem für den Menschen höchst gefährlichen Medikament gegen Blutarmut bei Hunden. Die Reaktion der beschuldigten Teamärzte und -verantwortlichen: Manzano befinde sich auf einem Rachefeldzug gegen das Team, seit man ihn wegen unerlaubten Besuches auf dem Hotelzimmer gefeuert habe. In diesem Fall ging es jedoch ausnahmsweise nicht um einen Hund, sondern um eine Dame. +++ **Tyler Hamilton**, ebenfalls ein überführter Blutdoper, erhielt während der Tour de France 2004 noch einmal Besuch von seinem über alles geliebten, aber todkranken Hund »Tugboat«. Am nächsten Tag wurde der Golden Retriever eingeschläfert. Kurz darauf gab der Amerikaner, der sich bei einem Massensturz zu Beginn der Rundfahrt erhebliche Blessuren am Rücken zugezogen hatte, das Rennen unter Schmerzen auf. +++ Der amerikanische Kugelstoßer **Chris Cantwell** besitzt einen Hund, der auf den Namen »Lance Armstrong« hört.

## BEZEICHNENDE KOSE- UND KAMPFNAMEN

| | |
|---|---|
| Djamolodin Abdushaparov | Der Terror von Taschkent, Der Cowboy aus Taschkent, Der Zauberer aus Taschkent, Terminator |
| Jean Aerts | Beau Brummel, Hoge Piet |
| Joaquim Agostinho | Hulk |
| Raul Alcala | Speedy Gonzalez, Der Kobold |
| Henri Anglade | Napoleon |
| Jacques Anquetil | Maître Jacques, Monsieur Chrono |
| Maurice Archambaud | Der Zwerg |
| Hippolyte Aucouturier | Der Schreckliche |
| Gino Bartali | Der Alte, Der Mönch, Der Eiserne, Der Fromme |
| Marino Basso | Mr. 100.000 Volt |
| Manuel Beltran | Triki (Krümelmonster in der spanischen »Sesamstraße«) |
| Julian Berrendero | Der Neger |
| Franco Bitossi | Das verrückte Herz |
| Louison Bobet | La Bobette |
| Tom Boonen | Tornado Tom |
| Ferdinand Bracke | Die graue Eminenz |
| Pierre Brambilla | Das Klumpkinn |
| Claudio Chiappucci | El Diablo, Andreotti |
| Franco Chioccioli | Der kleine Coppi |
| Mario Cipollini | Super-Mario |
| Salvatore Commesso | Das Orakel von Neapel, Der Vulkan |
| Fausto Coppi | Campionissimo |
| Eugène Christophe | Der alter Gallier |
| Damiano Cunego | Der kleine Prinz |
| Nino Defillipis | El Cid |
| Jean De Gribaldy | Le Vicomte |
| Roger De Vlaeminck | Der Zigeuner, Mr. Paris-Roubaix |
| Maurice Dewaele | Das Metronom |
| Etienne De Wilde | Der Weiße aus Laarne |
| Niko Eeckhout | Rambo |
| Thorval Ellegaard | Der Stern des Nordens |
| François Faber | Der Riese aus Colombes |
| Laurent Fignon | Der Professor, Eierkopf |
| Urs Freuler | Magnum |
| Charly Gaul | Der Engel der Berge, Monsieur Pipi |
| Raphaël Géminiani | Das große Gewehr |
| Émile Georget | Der Brutale |
| Giovanni Gerbi | Der rote Teufel |
| Rolf Gölz | Turbo |
| Jose Angel Gomez Marchante | Die Paprika |

| | |
|---|---|
| Louis Grogna | Der kleine Pastor |
| Learco Guerra | Die menschliche Lokomotive |
| Alfred Hamerlinck | Don Fredo |
| Reg Harris | Der Lord |
| Roger Hassenforder | Der Clown, Der Bandit |
| Miguel Indurain | Big-Mig |
| José-Maria Jiménez | El Chaba |
| Karel Kaers | Das Phänomen |
| Ron Kiefel | Wookie |
| Hugo Koblet | Le pedalleur du charme, Der schöne Hugo |
| Ferdi Kübler | Die Nase, Le fou pédalant |
| Octave Lapize | Le Frisé |
| Lucien Lazarides | Das griechische Kind |
| Julien Lootens | Samson |
| Antonin Magne | Tonin der Weise |
| Fiorenzo Magni | Der dritte Mann |
| Eddy Merckx | Der Kannibale |
| Jimmy Michael | Der Lilliputaner aus Aberaman |
| Pierre Molineris | Der magere Pierre |
| Jelle Nijdam | Snelle Jelle |
| Sven Nys | Der Kannibale aus Baal |
| Marco Pantani | Der Pirat |
| Arthur Pasquier | Der rote Gallier |
| Alessandro Petacchi | Ale Jet |
| Roger Pingeon | Der Stelzenläufer |
| Miguel Poblet | Sancho Pansa |
| Raymond Poulidor | Der ewige Zweite |
| Davide Rebellin | Tintin |
| Jean Robic | Der Lederkopf |
| Giuseppe Saronni | Der Blitz aus Novara |
| Briek Schotte | Der Letzte der Flandriens, Der eiserne Briek |
| Gilberto Simoni | Spiderman |
| Andrea Tafi | Die Lokomotive |
| John Talen | John Beton |
| Dietrich Thurau | Der blonde Engel |
| Lucien Van Impe | Die Frau |
| Rik Van Looy | Rik II., Kaiser von Herentals |
| Peter Van Petegem | Der Schwarze aus Brakel |
| Rik Van Steenbergen | Rik I., The Boss |
| Frank Vandenbroucke | VDB, Bimbo d'oro |
| Richard Virenque | König Richard |
| Marc Wauters | Der Soldat |
| Urs Zimmermann | Slim Zim |

## JAHRESBUDGETS DER TOUR-DE-FRANCE-TEAMS 2008

| in Mio. EUR | Team | Hauptsponsoren | gegründet |
|---|---|---|---|
| 10,0 | Cofidis | Kreditunternehmen | 1997 |
| 10,0 | Rabobank | Bankengruppe | 1996 (aus Novell) |
| 8,5 | Quick Step | Hersteller von Bodenbelägen | 2003 (aus Mapei) |
| 7,5 | Silence-Lotto | Pharmakonzern/Staatslotterie | 2003 (als Lotto-Domo) |
| 7,5 | Team Columbia | Sportartikelhersteller | 2007 (aus Team Telekom) |
| 7,2 | ag2r-La Mondiale | Vorsorgekasse | 2000 (aus Casino) |
| 7,0 | Bouygues Télécom | Mobiltelefonie-Anbieter | 2005 (aus Brioches La Boul.) |
| 7,0 | CSC-Saxo Bank | EDV-Dienstleister/Bankinstitut | 2001 |
| 7,0 | Caisse D'Epargne | Bankengruppe | 1990 (als Banesto) |
| 7,0 | Gerolsteiner | Mineralwasserproduzent | 1998 |
| 7,0 | Milram | Hersteller von Milchprodukten | 2006 (aus Domina Vacanze) |
| 6,5 | Crédit Agricole | Bankengruppe | 1998 (aus GAN) |
| 6,5 | La Française d. Jeux | staatliche Lotterie | 1997 |
| 6,0 | Euskaltel-Euskadi | Telco/Baskische Sport- und Kulturstiftung | 1994 |
| 6,0 | Liquigas | Gas-Vertriebsgesellschaft | 1999 |
| 6,0 | Lampre-Fondital | Blechproduzent/Heizungshersteller | 2005 (aus Lampre + Saeco) |
| 6,0 | Saunier Duval-Scott | Heiz- u. Klimageräteherst./Fahrradmarke | 2004 |
| 3,7 | Agritubel | Hersteller von Tierzuchtmaterial | 2004 |
| 3,5 | Barloworld | Industrie-Holding | 2003 |
| k.A. | Garmin-Chipotle | Navigationsgeräteherst./Restaurant-Kette | 2004 (als TIAA-CREF) |

## WONACH RAHMENBAUER IHRE MODELLE BENENNEN

**Chemie, die durch den Körper rauscht – POISON CYCLES**

Arsen, Atropin, Chinin, Cyanit, E 605, EPO, Mescalin,
Nitrogen, Opiat, Oxygen, Speed, Strychnin, Taxin, Zyankali

**Angewandte Physik – ISAAC**

Sonic, Impulse, Force, Kelvin, Pascal, Joule, Efficiency

**Raubvögel – BULLS**

Vulture, Harrier, Desert Falcon, Night Hawk

**E-Mail-Zeichensalat und historische Zahlenspiele – BIANCHI**

HoC (für HORS CATÉGORIE)
B4P ( für BORN FOR PERFORMANCE) – C2C (für COAST TO COAST)
928 Carbon SL (weil in den Jahren 1949, '52 und '98 der Doppelsieg Giro/Tour gelang)
Bianchi S9 Matta (nach dem Begleitfahrzeug von Coppi)
1885 Alu (nach dem Gründungsjahr)

## ORTSSCHILDSPRINT

*Es ist das klassische Ritual jeder Trainingsausfahrt durch flaches Terrain. Weil es an Anstiegen fehlt, um den Kollegen zu zeigen, wer das wahre Alphamännchen ist, kommt die Adrenalinpumpe in Gang, sobald in ein paar hundert Metern das Zeichen 310 der StVO auftaucht. Kette rechts, flach über den Lenker gebeugt, mit aller Macht in die Pedale geprügelt – wer gewinnt den Ortsschildsprint? Bei der Anfahrt auf folgende Gemeinden werden vermutlich besondere Reserven aktiviert:*

I-37040 Bevilacqua
A-8492 Dietzen
D-57548 Kirchen (Sieg)
D-19288 Kummer
D-54574 Kopp
D-06917 Klöden
A-8403 Lang
NJ 07039 Livingston (USA)

E-09515 Nofuentes
D-42499 Oberbeck
D-51467 Paffrath
A-5550 Radstadt
I-39046 Sankt Ulrich
E-41001 Sevilla
I-27050 Valverde
D-16818 Walsleben

## RADSPORT-ADEL

Vielleicht liegt es ja daran, dass der frühe Radrennsport über Jahrzehnte eine Domäne von Männern sehr einfacher Herkunft war, die mit ihrem Talent als Coureur einem vorherbestimmten Schicksal als unterjochter Quasi-Leibeigener auf dem Acker oder unter Tage entgehen konnten. Jedenfalls neigt die Bildsprache des Velosports dazu, das Außergewöhnliche buchstäblich zu adeln: Die Franzosen nennen das Fahrrad bis heute gern »le petit reine«: **die kleine Königin**. Der Massensprint, bei dem nach einem langen Tag im Rennsattel alle als endschnell bekannten Favoriten mitspurten, heißt auch »**Sprint royal**«. Die schwierigste Etappe einer Rundfahrt firmiert als »**Königsetappe**«, Paris–Roubaix gilt als »**Königin der Klassiker**«. Und in den Anfangsjahren des Bahnradsports nannte man die Sprinter oder Flieger oft auch: »**die Aristokraten der Piste**«. Schließlich loteten sie als die dereinst schnellsten Menschen der Welt die Grenzen ihrer Spezies aus und genossen folglich allerhöchstes Prestige.

Auch Österreichs Radsportvereine verleihen ihren Jedermannrennen mit Bergankunft mit Vorliebe k.u.k.-Titel: So können kletterfreudige Rennradfahrer auch ohne Lizenz zum Beispiel den »**Glocknerkönig**«, den »**Bergkaiser** Innsbruck-Kühtai« und den »Kaunertaler **Gletscherkaiser**« in Angriff nehmen.

In den Jahren 1903 bis 1967 ging die Tour de France traditionell im »**Parc des Princes**« im Westen von Paris zu Ende.

Drei Beispiele für die wenigen Adligen, die Radsportgeschichte schrieben: **Albert de Dion** war Mitbegründer der für die Entwicklung des Straßenradsports ganz entscheidenden Sporttageszeitung »Le Velo«. **Jean de Gribaldy**, als Radrennfahrer besserer Durchschnitt, später als Sportdirektor zahlreicher Spitzenteams u.a. Entdecker von Sean Kelly, war von altem piemontesischen Adel. Zahlreiche Mythen ranken sich um den angeblichen Baron **Henri Pépin de Gontaud**, der 1909 samt privater »Diener« die ersten Etappen der Tour de France bestritt.

## LITERATEN UND DAS VELO: ODEN AN DAS FAHRRAD

*Ob Arthur Conan Doyle, Gerhard Hauptmann, Hugo von Hoffmannsthal, Rupyard Kipling, Thomas Mann, Leo Tolstoi, Arthur Schnitzler, George Bernard Shaw oder Mark Twain – rund um die vorletze Jahrhundertwende herum ließ das noch junge Fahrrad offenbar keinen Literaten kalt:*

Das lächerliche Licht, das einige Müßiggänger und Karikaturistenkrämer
auf sie geworfen haben, wird vor den Strahlen der Vorteile verschwinden,
die diese Draisinen der Welt noch dereinst gewähren werden.

***Lewis Gompertz, englischer Tierschützer***
***und Erfinder eines Handkurbel-Antriebes [1821]***

Fahr, mein Rad, fahr im strahlenden Lichte.
Du trägst den Fortschritt!

***Théodore Deckert:***
***»Ode au Veloce« [1890]***

»La Reine Bicyclette« – »Königin Fahrrad« [1891]
»Fin du Cheval« – »Das Pferd ist tot« [1898]

**Titel der Fahrradbücher von Pierre Giffard (1853-1922),**
**franz. Journalist und Gründer der Langstreckenrennen Bordeaux–Paris und Paris–Brest–Paris**

Dem schlichten Dinge aus Stahl und Gummi sieht niemand an,
was in ihm steckt, und dass es aus jedem, der nur ein Herzogtum weit auf ihm fährt,
einen schieren Genussmenschen macht. Soll es nicht ein Genuss sein,
die Fülle der Natur und des edlen Fleißes vorüberziehen zu sehen,
endlos, wie in einem Wandelbilde?
Und alles ist wirklich, und was das Auge sieht, das kann die Hand erreichen.

***Leonhart Siegfried:***
***Quer durch die Geographie [1894]***

Wenn du niedergeschlagen bist, wenn dir die Tage immer dunkler vorkommen,
wenn dir die Arbeit nur noch monoton erscheint, wenn es dir fast sinnlos erscheint,
überhaupt noch zu hoffen, dann setz dich einfach aufs Fahrrad,
um die Straße herunterzujagen, ohne Gedanken an irgendetwas
außer an deinen wilden Ritt.

***Arthur Conan Doyle in: Scientific American [1896]***

»Sie müssen unbedingt die Freude kennenlernen,
auf einer guten Straße zwischen schönen Beinen dahinzuradeln.«

***Émile Zola: Les trois villes [1898]***

»Voici des ailes!« – »Seht her, die Flügel!«

***Titel eines Fahrradromans von Maurice Leblanc [1898]***

Noch vor zehn Jahren hätte keine Frau, die ihren guten Ruf hütet und
noch auf einen Ehemann hofft, ein Fahrrad bestiegen: Heute sausen sie zu Tausenden
durch die Lande. Die alten Leute schütteln die Köpfe über sie; aber die jungen Männer,
stelle ich fest, holen sie ein und fahren an ihrer Seite.

***Jerome K. Jerome: Three men on four wheels [1899]***

Das Rad hat die Kraft,
die Finsternis der Nacht zu vertreiben.

***Leo Tolstoi (1828-1910)***

Es ist gar kein Zweifel, dass man auf dem Rade die Welt, wenn nicht von einem höheren,
so doch von einem neuen Standpunkte aus anschauen lernt.
Allerlei Staub und Spinnweb fällt von uns ab,
sobald wir uns dem Sport ergeben, wir sehen die Proportionen
und Beziehungen vieler Dinge in klarerem Licht,
brechen mit früheren Irrtümern und
treten heraus aus der alten Enge unseres Horizonts.

***Eduard Bertz: Die Philosophie des Fahrrads [1900]***

Das Fahrrad holte die Haustöchter vom Strickstrumpf und hinter dem Kochtopf weg und
führte sie mit Bruder und Freund hinaus in die freie Natur, machte unsere Mädels frei von
der ständigen Aufsicht der Mütter und Tanten und erzog sie zu selbständigem Handeln.
Unsere Frauen sollten daher dem Fahrrad ein Denkmal setzen, denn es hat gerade für so
viele alte, hemmende und hindernde Vorurteile, so vieles, was sich, Gott weiß aus welchen
Gründen, nicht schickte, vom alten wurmstichigen Thron gestoßen, hat unseren Mädchen die
Möglichkeit gegeben, sich außerhalb des Hauses frei zu bewegen und hat damit auch den
Boden für die freie Berufstätigkeit der Frau geebnet.

***Georg Hermann, deutscher Schriftsteller (1871-1943)***

Jedes Mal, wenn ich einen erwachsenen Menschen auf einem Fahrrad sehe,
ist mir um die Zukunft der menschlichen Rasse nicht bange.

***Herbert G. Wells (1866-1946), Autor von »Krieg der Welten«,
»Die Zeitmaschine« und v.a. »The Wheels of Change«***

Fällt mir nichts ein, fahre ich Rad. Gift ich mich, fahre ich Rad.
Hab ich Kopfweh, fahre ich Rad. Immer fahre ich Rad. Alles kurier ich durchs Rad.
Es ist eine herrliche Erfindung und für die Gesundheit unbeschreiblich.

***Hermann Bahr, österreichischer Schriftsteller, Dramatiker und Kritiker (1863-1934)***

Besorg dir ein Fahrrad.
Wenn Du lebst, wirst Du es nicht bereuen

***Mark Twain: Taming The Bicycle [1917]***

## DIE WM DER FAHRRADKURIERE

*Seit 1993 gibt es eine Weltmeisterschaft der Fahrradkuriere. Mehrere hundert Teilnehmer aus zahlreichen Ländern messen sich jeweils in verschiedenen Disziplinen. Ein Überblick:*

### Main Race

Seit der ersten Austragung heißt das eigentliche Kurierrennen »Main Race«. Das Rennen ähnelt dem Orientierungslauf. In einem abgesperrten Renngelände befinden sich diverse Posten. Die Teilnehmer erhalten ein Aufgabenblatt mit Aufträgen, die sie so schnell wie möglich erledigen müssen. Dabei treten stets gewisse Hindernisse auf: Das Rad muss an bestimmten Posten abgeschlossen werden, »Kunden« treten auf den Plan – fast so wie im richtigen Kurierleben. Häufig wird das Main Race über Qualifikations-, Halbfinal- und Finalläufe ausgetragen.

### Cargo Race

Diese Disziplin ähnelt dem Main Race. Der zentrale Unterschied: Es gilt, nicht Kleinpakete, Couverts oder Kartonröhren zu transportieren, sondern vielmehr eine weitaus schwerer wiegende Fracht aus Autorädern, Bierfässern oder Bänken. Das Rennen wird mit speziellen Lastenrädern ausgetragen.

### Sprint

Auf einer kurzen Strecke von 100 bis 300 Metern Länge treten vier bis sechs Teilnehmer gegeneinander an. Weiter kommt der Starter, der einen Lauf gewonnen hat. Folglich stehen sich im abschließenden Finale die spurtschnellsten Kuriere gegenüber.

### Trak Stand

Bei dieser Disziplin geht es darum, möglichst lange mit dem Rad auf der Stelle zu stehen, ohne dass ein Fuß den Boden berührt. Nach drei Minuten muss eine Hand, eine weitere Minute später die zweite Hand vom Lenker genommen werden. Wiederum eine Minute später ist der erste und schließlich der zweite Fuß von den Pedalen zu nehmen.

### Skid Competition

Diese Disziplin ist speziell auf so genannte »Fixies« mit starrer Nabe ausgerichtet. Man beschleunigt und blockiert das Hinterrad auf der Startlinie. Wer am weitesten schlittert, hat gewonnen.

### Backward Circles

Auch diese Disziplin ist nur für Fixed-Gear-Räder. Wer die meisten Kreise rückwärts fahren kann, ist Weltmeister.

### Bunny Hop Contest

Hochsprung per Velo. Dabei nehmen die Teilnehmer Anlauf, um über eine Hochsprunganlage zu springen. Natürlich darf kein Fuß den Boden berühren.

## NEBENWIRKUNGEN

*Einige unerwünschte Nebenwirkungen populärer Dopingpraktiken im Radsport waren kaum zu übersehen. Man denke nur an die berüchtigten Kortison-Mondgesichter. Doch wer zu fragwürdigen Substanzen greift, um die Strapazen des Radrennzirkus besser oder überhaupt zu bestehen, hat sich in der Regel gleich mit ellenlangen Beipackzetteln auseinanderzusetzen. Zwei Beispiele:*

### SALBUTAMOL

Das Asthamittel Salbutamol darf sich so mancher Rennfahrer dank ärztlichen Attests ganz offiziell einverleiben. Andere Sportler erhoffen sich von dem anabolen Wirkstoff zum Beispiel einfach einen verbesserten Muskelaufbau. In den Warnhinweisen zum Einsatz von Salbutamol heißt es: »Dieses Arzneimittel kann auch bei bestimmungsgemäßem Gebrauch das Reaktionsvermögen so weit verändern, dass die Fähigkeit zur aktiven Teilnahme am Straßenverkehr oder zum Bedienen von Maschinen beeinträchtigt wird. Dies gilt in verstärktem Maße im Zusammenwirken mit Alkohol.« Als weitere bekannte Nebenwirkungen, die unter Umständen auftreten können, zählen:

Kopfschmerzen, Muskelkrämpfe, Angina-Pectoris-Anfälle,
Herzrhythmusstörungen mit erhöhtem Puls,
Unruhe, Zittern, Herzklopfen,
Stoffwechselstörungen (z.B. Veränderung der Blutzucker- und Bluttfettwerte),
Überempfindlichkeitsreaktionen die Haut betreffend
(z.B. Rötung, Juckreiz, Ausschlag, Quaddelbildung).

### SYNACTHEN

Eigentlich findet der Wirkstoff Tetracosactidhexaacetat bei Verdacht auf Unterfunktion der Nebennierenrinde Anwendung. Im Radsport zählt er zu den verbreiteten Dopingmitteln. In seiner Doping-Beichte gab beispielsweise Jörg Jaksche 2007 zu, das Medikament Synacthen genommen zu haben. Dessen Nebenwirkungen:

erhöhte Infektanfälligkeit, Abszess, Leukozytose, gesteigerter Appetit, Gewichtszunahme,
Natrium- und Wasserretention, Hypokaliämie, Hypokalzämie, Osteoporose, Muskelschwäche,
Steroidmyopathie, pathologische Knochenfrakturen, Sehnenrupturen, Abnahme der Muskelmasse,
aseptische Hüft- und Humeruskopfnekrosen sowie vertebrale Kompressionsfrakturen,
peptische Ulzerationen (unter Umständen mit Perforation und Blutungen), Makuladegeneration,
Pankreatitis, ulzerative Ösophagitis, Blähungen, Wundheilungsstörungen, Glaukom,
Petechien und Ekchymosen, Steroidakne, Hyperpigmentation der Haut, vermehrtes Schwitzen,
dünne, brüchige Haut, Erythem, Krampfanfälle, Stimmungsschwankungen und Schlafstörungen,
erhöhter intrakranialer Druck mit Papillenödem (üblicherweise nach Therapie), Schwindel,
Kopfschmerz, Psychosegefahr, Cushing-Syndrom, Wachstumsstörungen bei Kindern,
Hyperglykämie, erhöhter Augeninnendruck, Manifestation einer latenten Diabetes mellitus,
Nebennierenhämorrhagien, Exophthalmus, Hirsutismus und Virilisierungserscheinungen bei Frauen,
Menstruationsstörungen, mangelndes Ansprechen von Nebenniere und Hypophyse,
Blutdruckanstieg, Dekompensation einer bestehenden Herzinsuffizienz,
reversible Myokardhypertrophie bei Säuglingen und Kleinkindern, Kataraktentwicklung,
Thromboembolien, nekrotisierende Vaskulitis, Nierensteinbildung.

## SCHLAGFERTIG

Während der Tour de France 1988 verpasste **Gert-Jan Theunisse** (Niederlande) dem Schweizer **Paul Köchli**, dem Sportlichen Leiter des Weinmann-Teams, einen Schlag mit der Faust. Köchli hatte seine Fahrer davon abgehalten, an einem Sitzstreik des gesamten Pelotons mitzumachen.

»Porco Dio!«, brüllte der Venezuelaner **Leonardo Sierra**, der sich bei der Vuelta 1995 auf der vierten Etappe mit Banesto-Fahrer **José-Luis Arrieta** eine Boxeinlage lieferte. Die verbale Replik des Basken lautete: »Vete a tomar por culo!« (»Du kannst mich mal am Allerwertesten...«)

**Frederic Moncassin** rastete nach einer Etappe bei der Dauphiné Libéré 1997 aus und stürzte sich auf **Rolf Aldag**, weil er sich im Sprint behindert gefühlt hatte. Dabei brach er dem Deutschen mit einem brutalen Kopfstoß das Nasenbein. Die UCI beließ es anschließend bei einer Verwarnung von Moncassin, da er sich mit Aldag außergerichtlich einigen konnte.

Bei der Tour de France 1997 fühlte sich der Belgier **Tom Steels** im Zielsprint der 6. Etappe von **Frederic Moncassin** behindert und schleuderte wutentbrannt eine Trinkflasche auf den Franzosen. Steels wurde von der gesamten Tour ausgeschlossen.

**David Clinger**: Der ehemalige Profifahrer – bekannt für sein gewagtes Maori-Tattoo im Gesicht – musste nach einer Kneipenschlägerei eine Nacht in Polizeigewahrsam verbringen.

Der unermüdliche Didi: 1982 verprügelte **Dietrich Thurau** den Leiter des Dortmunder Sechstagerennens. Folge: Rennausschluss. 1985 wurde das deutsche Radidol von der Tour de France ausgeschlossen, weil er einen Rennkommissär, der ihm eine Zeitstrafe wegen Windschattenfahrens im Zeitfahren aufgebrummt hatte, wütend am Kragen packte. 1986 wurde Thurau wegen Körperverletzung verurteilt, nachdem er Mieter seines Hauses mit Telefon-Terror zum Auszug bewegen wollte. 1991 stand Thurau gleich zweimal vor Gericht: Einmal beleidigte er eine 27-jährige Frau und trat ihren Hund. Folge: 7.000 DM Geldstrafe wegen Verstoßes gegen das Tierschutzgesetz und Beleidigung. Ende 1991 attackierte Thurau in einem Frankfurter Vorort einen Taxi-Fahrer, weil er wegen diesem mit seinem Fahrzeug stoppen musste. Das Gerichtsurteil: 10.000 Mark Geldbuße wegen Beleidigung und Sachbeschädigung. 1998 wurde Thurau zu sechs Monaten Haft sowie einer Geldstrafe in Höhe von 20.000 DM wegen Urkundenfälschung verurteilt, weil er die Unterschrift eines 94 Jahre alten Nachbarn gefälscht hatte, nachdem der Mann eine Einverständniserklärung zu einem von Thurau geplanten Hausumbau verweigert hatte.

**Stephen Pate**: Der australische Bahnsprint-Weltmeister von 1988 musste ins Gefängnis, weil er seine Frau misshandelt hatte. Pate hatte gehofft, 2000 bei den Olympischen Spielen in Sydney dabei zu sein. Als dies nicht klappte, begann sein Abstieg. Er trank und verprügelte seine Frau.

**Bobby Julich** und **Jeroen Blijlevens** gerieten nach Etappenende bei der Tour de France 2000 auf den Champs Élysées aneinander. Besonders bitter für Sprinter Blijlevens: Er wurde anschließend disqualifiziert.

Im September 2000 wurde der italienische Sprintstar **Mario Cipollini** nach einer Schlägerei von der 55. Spanien-Rundfahrt ausgeschlossen. Cipollini hatte vor dem Start zur 5. Etappe den spanischen Vitalicio-Profi **Francisco Javier Cerezo** nach einem Streit niedergeschlagen. »Es gibt nichts zu entschuldigen«, erklärte Cipollini: »Ich möchte, dass niemals ein Radprofi tut, was ich getan habe.« Cerezo hätte ihn jedoch schwer beleidigt und sich dafür nicht entschuldigen wollen, stattdessen soll das Wort »Hurensohn« gefallen sein.

Bei den Sixdays in Zürich prügelten sich Lokalmatador **Bruno Risi** und der Niederländer **Danny Stam** am Neujahrstag 2007 in der Halle. Risi attackierte Stam nach dem Zweiermannschaftsrennen und bespritzte ihn mit dem Inhalt einer Wasserflasche. Schon während des Rennens war es beinahe zu Handgreiflichkeiten gekommen, nachdem die abgeschlagenen Niederländer alle Vorstöße von Spitzenreiter Risi gekontert hatten.

Paris–Roubaix-Sieger **Stuart O'Grady** und einige seiner australischen Profikollegen lieferten sich Anfang September 2007 eine Prügelei mit den Angestellten eines Nachtclubs in Nizza. Der australische Cofidis-Fahrer **Chris Sutton** musste anschließend mit leichteren Verletzungen ins Krankenhaus gebracht werden. Nach einer Geburtstagsfeier der Australier hatte es offenbar Differenzen um die Rechnung gegeben. Die Polizei vernahm zwei Angestellte des Nachtclubs.

Auf andere Weise als sehr schlagfertig erwies sich **Erik Zabel** im Anschluss an das Mannschaftszeitfahren der Tour de France 2003. »War es vorher so abgesprochen oder warum sind Sie als Erster über die Ziellinie gegangen?«, fragte ihn der Reporter des Fernsehens. Zabels Konter: »Ach, ich wollte halt auch mal wieder einen Sprint gewinnen!«

## DIE PHYSIK DES RADSPORTS

*Um eine bestimmte Geschwindigkeit **v** zu fahren, muss ein Radsportler bei Windstille theoretisch – und unter gewissen Aspekten vereinfacht – die folgende Leistung **P** (in Watt) entfalten:*

**P = Luftwiderstand + Rollreibung + Hangabtriebskraft**

$$= ( 1/2 * c_wA * f * v^3 ) + ( k_{RR} * M * g * v^2 ) + ( M * g * \sin(a) * v )$$

**a** ist der Winkel der Steigung.

Der **$c_w$A**-Wert des jeweiligen Radfahrer-Rennrad-Pakets hängt in erster Linie von dessen Stirnfläche (A) und der äußeren, möglichst aerodynamischen Form ($c_w$) ab und beträgt zum Beispiel etwa 0,45 $m^2$ in Oberlenkerhaltung und 0,2 $m^2$ in idealer Zeitfahrposition. Auch die Art des Materials (zum Beispiel die Verwendung von Hochprofilfelgen) nimmt natürlich Einfluss auf den cwA-Wert, den beim Radsport aber letztlich niemand berechnen kann. Deshalb die Windkanal-Experimente derjenigen Profis mit Zeitfahrambitionen.

**g** ist die unvermeidliche, selbst absoluten Physikhassern noch irgendwie bekannte Gravitationskomponente von 9,81 $kgm/s^2$.

**f** bezeichnet die mit der Höhenlage abnehmende und zudem temperaturabhängige Luftdichte. Diese beträgt bei 20°C z.B. 1,142 $kg/m^3$ in Meereshöhe und 0,938$kg/m^3$ in 2000 m über NN.

**$k_{RR}$** ist die individuelle Rollreibungskonstante. Diese beträgt auf dem Rennrad deutlich unter 0,01 und hängt unter anderem vom Straßenbelag, Reifendruck und Manteltyp ab. Bestimmbar ist sie nur im Experiment.

**M** ist die Masse von Fahrer und Rad.

## DER PROFI UND DAS LIEBE VIEH

*Wer den ersten Teil seines Erwerbslebens im Peloton verbracht hat, der weiß genau, a) wie eine Herde funktioniert, b) dass Körper- und Wundpflege mit Melkfett und grober, geübter Hand eine alltägliche Pflichtübung sind und c) dass er künftig nicht ständig Hunderte von Menschen um sich haben will. Also investiert er die erstrampelten Prämien ins liebe, unschuldig dreinblickende Vieh und wird Rinderzüchter. So wie unter anderem:*

| | DAMALS | HEUTE |
|---|---|---|
| Gerhard **Zadrobilek** (AUT) | Erster Radsportler, der sowohl auf auf der Straße als auch dem MTB einen Weltcup gewinnen konnte | Motivationstrainer, Unternehmensberater und Rinderzüchter im Wienerwald (Hochland- und Wagyu-Rinder) |
| Bernard **Hinault** (FRA) | Fünffacher Sieger der Tour de France | Zeremonienmeister der Tour de France und Rinderzüchter in Calorguen/Bretagne (rund 200 Charolais-Rinder) |

Über seine Rinder spricht Hinault dem Vernehmen nach mit mehr Lust, Laune und Stolz als über seine sportlichen Meriten. »Ich kenne alle meine Tiere – manche sogar besser als früher die Gegner auf dem Rad. Ich werde unruhig, wenn ein Tier mal länger auf einem Fleck liegt als üblich. Und ich sehe sogar, wenn eine Kuh traurig ist«, ließ er sich einmal zitieren. Seine Zuchtbullen bennent der kantige Bretone dennoch gerne nach ehemaligen Rennfahrerkollegen. Das galt z.B. für »Lino« (»Dieser Nimmersatt wird in diesem Jahr 20 Mal Vater«) und den außergewöhnlich produktiven Spermalieferanten »Indurain« (»Den habe ich so genannt, weil er am gleichen Tag geboren wurde, als Miguel Indurain den Prolog der Tour gewann.«). Vor diesem Hintergrund verwundert es kaum, dass mit Agritubel ein großer Hersteller von Rinderzucht-Equipment mittlerweile einen eigenen Profirennstall sponsert.

## UNGEWÖHNLICHE ZWEITE STANDBEINE

| | | |
|---|---|---|
| Paul **Bourillon** (FRA) | *Flieger-Weltmeister 1896* | OPERNSÄNGER |
| Otto **Meyer** (GER) | *Flieger-Europameister 1901* | BERUFSRINGER |
| Jimmy **Michael** (GBR) | *Steher-Weltmeister 1895* | JOCKEY |
| Óscar **Abad** (ESP) | *2008 Mitglied der Amateur-Equipe von Saunier Duval* | SCHAUSPIELER (u.a. in »El prado de las estrellas«) |

## MIT SEGEN DER KIRCHE: DAS WAHRE TEAM »AMORE E VITA«

Peter ABT (Zimba) SWI19441106
Christophe CAPELLE (Big Mat) FRA19670815
Nicolas ENGEL (J.B. Louvet-Wolber) LUX19020430
Karl Heinz KÜSTER (Rokado) GER19490819
JESUS MARIA Manzano (Kelme) ESP19780512
ANGEL VICIOSO (L.A. Aluminios) ESP19770413
Gilbert BISCHOFF (Cilo) SWI19510929
Carlos DA CRUZ (FDJeux) FRA19741220
Kim KIRCHEN (Columbia) 19780703
Eric HEIDEN (noch zu bekehren) USA19580614
Gérard SAINT (Rapha) FRA19350711

***Saisonhöhepunkte:*** *Hel van het Mergelland, Int. Raiffeisen GP Judendorf-Strassenengel.*

## DIE ERSTE TOUR DE FRANCE ZUM NACHFAHREN

**1. Etappe: Paris - Lyon (467 km)**

Montgeron (Café »Réveil Matin«) - über die RN7 durch Melun - Fontainebleau - Montargis - Briare - Cosnes - La Charité - Pougues-les-Eaux - Nevers - St-Pierre-le-Moutier - Moulins - La Palisse - Roanne - Tarare

**2. Etappe: Lyon - Marseille (374 km)**

St-Genis-Laval - Rive-de-Gier - St-Chamond - St-Étienne - Col de la Republique - Bourg-Argental - Annonay - Andance - Rhone-Tal - Tournon - Valence - Montélimar - Orange - Avignon - Orgon - Senas - Aix-en-Provence - Le Pin - St-Antoine - Marseille

**3. Etappe: Marseille-Toulouse (423 km)**

St-Antoine - Salon - Arles - Nimes - Lunel - Montpellier - Mèze - Montaignac - Pézenas - Béziers - Coursan - Narbonne - Lezignen - Capendu - Carcassonne - Castelnaudary - Villefranche-de-Lauragais - Toulouse

**4. Etappe: Toulouse - Bordeaux (268 km)**

Grisolles - Montauban - Castelsarrasin - Moissac - Valence d'Agen - Agen - Tonneins - Marmande - La Réole - Langon - Pondensac - Laprade - Le Bouscat - Bordeaux

**5. Etappe: Bordeaux - Nantes (425 km)**

Libourne - Berbezieux - Pons - Cognac - Saintes - Rochefort - La Rochelle - Marans - Lucon - La Roche-sur-Yon - Rocheservière - St-Philibert-de-Bouaine - Geneston - Nantes

**6. Etappe: Nantes - Paris (471 km)**

Ancenis - St-Georges-sur-Loire - Les Rosiers - Saumur - Bourgueuil - Langeais - Tours - Montlouis - Amboise - Blois - Mer - Beaugency - Orléans - Patay - Chartres - Rambouillet - Chevreuse - Versailles - Ville d'Avray (Restaurant »Père Auto«) - *Ehrenrunde im Parc des Princes*

## RADRENNEN, DIE NACH FLÜSSEN BENANNT SIND

Volta A Alto Douro (Portugal)
Whiskey Creek Race (USA)
Schelde-Dender-Leie Aalst (Belgien)
Scheldeprijs Schoten (Belgien)
Red River Classic (USA)
Tour de la Somme (Frankreich)
Oder-Rundfahrt (Deutschland)
Omloop Schelde-Durme-Hamme (Belgien)
Omloop van de Maasvallei (Niederlande)
Tour de la Sarthe (Frankreich)
Omloop van de Vlaamse Scheldeboorden (Bel)
OZ-Tour Beneden-Maas (Niederlande)
Mandel-Leie-Schelde Meulebeke (Belgien)
Les Boucles de la Seine (Frankreich)
Jacob's Creek Classic (Australien)
GP Correio do Douro (Portugal)
Cholet-Pays de Loire (Frankreich)
Classic Loire Atlantique (Frankreich)
Amstel Gold Race (Niederlande)

## GELDSTRAFEN

*Bei Massenstartrennen der Elite-Klasse, die von der UCI der ProTour oder den Klassen HC und 1 zugeordnet werden, drohen bei erstmals begangenen Verstößen u.a. die folgenden Geldbußen:*

| | | |
|---|---|---|
| **1230 EUR** | Einen im Mannschaftswagen mitfahrenden Kommissär unterwegs stehenlassen | Mannschaftsleiter |
| **620 EUR** | Abziehen am Trikot auf dem letzten Rennkilometer | Rennfahrer |
| | Begleiter, der sich aus dem Fahrzeug hinauslehnt oder Material außerhalb bereithält | Mannschaftsleiter |
| | Nicht erlaubte Verpflegung während der letzten 20 km | Rennfahrer |
| | Diebstahl von Lebensmitteln oder Getränken während des Rennens | jeder Lizenzinhaber |
| **123 EUR** | Regelwidrige Entgegennahme/Abgabe von Bekleidung | Mannschaftsleiter |
| | Regelwidrige materielle Hilfe durch einen Fahrer einer anderen Mannschaft | jeder beteiligte Lizenzinhaber |
| | Beschleunigendes Abschieben | jeder beteiligte Rennfahrer |
| | Abweichen von der gewählten Fahrlinie im Sprint bei Gefährdung von Konkurrenten | Rennfahrer |
| | Regelwidriger Sprint | Rennfahrer |
| | Abziehen am Trikot | Rennfahrer |
| | Absichtliche Behinderung eines Rennfahrers/Mannschaftswagens | Rennfahrer |
| | Absichtliches Abweichen vom Kurs | Rennfahrer |
| | Versuch, klassiert zu werden, ohne die gesamte Strecke absolviert zu haben | Rennfahrer |
| | Wiederaufnahme des Rennens, nachdem ein Fahrzeug oder Krad benutzt wurde | Rennfahrer |
| | Betrug; heimliche Zusammenarbeit zw. Fahrern verschiedener Mannschaften | jeder beteiligte Rennfahrer |
| | Festhalten an einem Fahrzeug | Rennfahrer; beteiligter Teamleiter o. Fahrzeugverantwortl. |
| | Länger andauernder Windschutz hinter einem Fahrzeug | Fahrzeugverantwortlicher |
| | Regelw. mechanische oder ärztl. Hilfe auf den letzten 20 km bei Eintagesrennen | Rennfahrer |
| | Motorrad mit anderem Ersatzmaterial als nur Laufrädern | Pilot |
| | Nicht erlaubte Verpflegung während der ersten 50 km | Rennfahrer |
| | Nichtteilnahme am Siegerzeremoniell | Rennfahrer |
| | Nichttragen des Spitzenreitertrikots | Rennfahrer |
| **62 EUR** | Nichteinschreiben am Start | Rennfahrer |
| | Abnehmen des Helms im Rennen | Rennfahrer |
| | Rückennummern unsichtbar/nicht erkennbar | Rennfahrer |
| **31 EUR** | Modifiziertes oder regelwidriges Anbringen von Startnummern | Rennfahrer |
| | Nichtrückgabe der Rückennummern bei Aufgabe | Rennfahrer |
| | Regelwidrige Entgegennahme/Abgabe von Bekleidung | Rennfahrer |
| | Abziehen von Fahrzeugen/Krädern/Rennfahrern innerhalb einer Mannschaft | jeder beteiligte Rennfahrer |
| | Länger andauernder Windschutz hinter einem Fahrzeug | Rennfahrer |
| | Regelwidrige mechanische oder ärztliche Hilfe bei Etappenrennen | Rennfahrer |
| | Behinderung eines offiziellen Fahrzeuges am Vorbeifahren | Rennfahrer |
| | Mitführen eines Glasbehälters | Rennfahrer |
| **19 EUR** | Kurzzeitiger Windschutz hinter einem Fahrzeug | Rennfahrer |
| | Erneute Passage der Ziellinie in Rennrichtung mit befestigter Rückennummer | Rennfahrer |
| **13 EUR** | Abstoßen durch Zuschauer | Rennfahrer |

*Bei einigen Vergehen sind diese Bußen mit anderen Strafen wie etwa einer Rückstufung im Klassement gekoppelt. Andere Verstöße werden mitunter ohne jedwede Geldbuße mit einer Startverweigerung oder einer Herausnahme aus dem Rennen geahndet.*

## DER KAMPF UM DIE ROTE LATERNE

*Nicht selten war der letzte Platz im Gesamtklassement der Tour de France heiß umkämpft. Kein Wunder, darf sich der Träger der Roten Laterne doch über weitaus mehr öffentliches Interesse freuen als der Vorletzte. Erster Gewinner dieses ganz besonderen Souvenirs war Arsène Millocheau, der bei der Tour 1903 insgesamt 64 Stunden und 47 Minuten auf Sieger Maurice Garin einbüßte.*

**Die mehrfachen Träger der Roten Laterne der Tour de France**

Wim Vansevenant (Belgien) – 2006, 2007 und 2008

Jimmy Casper (Frankreich) – 2001 und 2004

Mathieu Hermans (Niederlande) – 1987 und 1989

Gerhard Schönbacher (Österreich) – 1979 und 1980

Daniel Masson (Frankreich) – 1922 und 1923

**Sonderpreis »Rote Laterne«**

Igor & Iker Flores (Spanien)

Igor Flores sicherte sich 2002 die Rote Laterne, sein Bruder Iker folgte im Jahr 2005.

Besonderes Augenmerk unter jenen, die zweimal den bekanntesten letzten Platz des Radsports belegt haben, verdient fraglos der ehemalige Boxer Gerhard Schönbacher. Nachdem im Jahr 1979 ein niederländischer Journalist die Idee hatte, einen Wettbewerb im Kampf um die Rote Laterne der Tour de France auszurichten, war der Österreicher zur Stelle. Im folgenden Jahr hatte der argwöhnische Tour-Direktor Lévitan ein Auge auf den obskuren Wettstreit geworfen und reaktivierte die bereits von 1939 bis 1948 gültige Regel, dass nach jeder Etappe der Letzte im Gesamtklassement ausscheiden musste. Schönbacher, später Manager von Bernhard Kohl, machte sich einen Jux daraus und peilte jeden Tag den vorletzten Platz an. Mit Erfolg. Am Ende sicherte er sich erneut die Rote Laterne – und bekam ob seiner neu gewonnenen Popularität Dutzende Kriterienverträge.

## GEFÜHLTE TEMPERATUREN AUF DEM RAD

*bei unterschiedlichen Windgeschwindigkeiten:*

| °C bei 0 km/h | 10 km/h | 20 km/h | 30 km/h | 40 km/h |
|---|---|---|---|---|
| 14 | 12 | 8 | 6 | 5 |
| 12 | 10 | 6 | 3 | 2 |
| 10 | 8 | 3 | 1 | -1 |
| 8 | 5 | 1 | -2 | -4 |
| 6 | 3 | -2 | -5 | -7 |
| 4 | 1 | -5 | -8 | -10 |
| 2 | -1 | -7 | -11 | -13 |
| 0 | -4 | -10 | -14 | -16 |
| -2 | -6 | -12 | -16 | -19 |
| -4 | -8 | -15 | -19 | -22 |

## ÜBERSCHRIFTEN, DIE KEINE FRAGEN OFFEN LASSEN

*Gerolsteiner-Profi Heinrich Haussler hat bei der Fernfahrt Paris–Nizza 2007 ein Internet-Tagebuch geführt. Die Überschriften sprachen eine deutliche Sprache.*

Prolog: Ich habe mich richtig quälen müssen… / 1. Etappe: Das Finale war sehr hektisch / 2. Etappe: Laktat macht meine Beine schwer / 3. Etappe: Wir sind gefahren wie die Schweine / 4. Etappe: Es hat richtig weh getan / 5. Etappe: Der schlimmste Tag meiner Karriere / 6. Etappe: Sind wie bescheuert gefahren

## EIN BISSCHEN LÄNDERKUNDE

BRADLEY MCGEE (2003): »Der spanische Fan unterscheidet sich in vielerlei Hinsicht von seinem französischen Pendant. Die Augen des Spaniers glühen vor leidenschaftlichem Schmerz. Er belagert die Fahrer regelrecht, damit diese den Berg hochfliegen. Ein Franzose klatscht nur in die Hände und ruft: ›Viel Glück!‹ Ein Spanier hat stets gekühlte Colas oder andere zuckerhaltige Getränke für die Fahrer dabei, ein Franzose applaudiert und ruft: ›Schneller!‹ Der Spanier unterscheidet kaum zwischen den einzelnen Fahrern, sodass jeder in den Genuss seiner Anfeuerung kommt, ein Franzose klatscht in die Hände und sucht sich seine Favoriten aus: ›Allez Sandy‹. Franzosen haben Fanclubs, Spanier sind Fans.«

JORIS VAN DEN BERGH (1929): »Die Eigenschaften eines Sprinters liegen den Franzosen im Blut. Wer auch nur ein bisschen Ahnung vom Radsport hat, muss nicht wissen, wer da fährt – er sieht einen Sprint und ruft: Schau! Da! Das ist ein Franzose! Bei einem Franzosen ist der Sprint eine Sache von Courage, Überzeugung, plötzlicher Vehemenz und überraschenden Momenten. Der französische Spurt kennt kein Gleichmaß – er ist gepfeffert, feurig, abrupt. […] Im Spurt erkennen wir die Lebendigkeit, die erstaunliche Entschlossenheit und den Enthusiasmus des französischen Volkes wieder. Ja! Der Sprint hat immer den Franzosen gehört…«

CHRISTIAN VANDEVELDE: »Die Qualität des Essens in Italien ist unübertroffen, was wir im Überfluss genießen konnten. David Zabriskie wurde ziemlich nervös, als das Hotelcafé nach seiner Zimmernummer fragte. Er befürchtete eine ellenlange Rechnung für die 100 Capuccinos, die er getrunken hatte. Ich liebe die Italiener für ihr Essen und ihre Kultur und kann über ihr Fahrverhalten nur milde lächeln – solange ich nicht selbst auf meinem Rad sitze. Dann verstehe ich, warum die Leute jeden Tag von Autos angefahren werden. Hinter dem Steuer halten sich alle Italiener für Mario Andretti und fahren so, als ob ihre Autos keine Bremsen hätten.«

## MEISTERLICHE WERBUNG

*Laut BDR-Regelwerk sind auf dem Trikot des Deutschen Meisters folgende Werbeflächen erlaubt:*

auf Vorder- und Rückseite des Trikots: ein 10 cm hohes Rechteck
auf den Schultern und den Ärmeln: ein Streifen von max. 5 cm
auf der Seite des Trikots: ein Streifen von max. 9 cm
ein Herstellerlogo mit einer Fläche von max. 25 $cm^2$

## AUSTRAGUNGSORTE DER RADCROSS-DM 1955–2009

| | Stadt | Bundesland | Einwohner |
|---|---|---|---|
| 5 x | Magstadt | Baden-Württemberg | 8.808 |
| 4 x | Frankfurt a. M. | Hessen | 659.021 |
| 3 x | Denzlingen | Baden-Württemberg | 13.517 |
| | Saarbrücken | Saarland | 176.452 |
| | München | Bayern | 1.311.573 |
| 2 x | Wadern | Saarland | 16.819 |
| | Kleinmachnow | Brandenburg | 19.249 |
| | Trier | Rheinland-Pfalz | 103.888 |
| | Hannover | Niedersachsen | 518.069 |
| | Köln | Nordrhein-Westfalen | 995.397 |
| | Hamburg | Hamburg | 1.773.218 |
| | Berlin | Berlin | 3.420.786 |
| 1 x | Strullendorf | Bayern | 7.805 |
| | Gundelfingen | Baden-Württemberg | 11.611 |
| | Gärtringen | Baden-Württemberg | 12.072 |
| | Dieburg | Hessen | 15.218 |
| | Auerbach (Vogtland) | Sachsen | 20.620 |
| | Lindau (Bodensee) | Bayern | 24.680 |
| | Lohne (Oldenburg) | Niedersachsen | 25.563 |
| | Einbeck | Niedersachsen | 27.576 |
| | Northeim | Niedersachsen | 30.617 |
| | Crailsheim | Baden-Württemberg | 32.957 |
| | Barsinghausen | Niedersachsen | 34.213 |
| | Landau (Pfalz) | Rheinland-Pfalz | 43.063 |
| | Herford | Nordrhein-Westfalen | 65.019 |
| | Dinslaken | Nordrhein-Westfalen | 70.053 |
| | Gießen | Hessen | 74.593 |
| | Gütersloh | Nordrhein-Westfalen | 96.383 |
| | Kaiserslautern | Rheinland-Pfalz | 97.770 |
| | Solingen | Nordrhein-Westfalen | 162.575 |
| | Ludwigshafen | Rheinland-Pfalz | 163.777 |
| | Kassel | Hessen | 193.803 |
| | Krefeld | Nordrhein-Westfalen | 236.516 |
| | Aachen | Nordrhein-Westfalen | 259.030 |
| | Augsburg | Bayern | 262.992 |

*Nach Bundesländern:*

11 x Baden-Württemberg / 8 x Nordrhein-Westfalen / 7 x Hessen / je 6 x Niedersachsen u. Bayern / je 5 x Rheinland-Pfalz u. Saarland / je 2 x Berlin, Brandenburg u. Hamburg / 1 x Sachsen / je 0 x Mecklenburg-Vorp., Schleswig-Holstein, Thüringen u. Sachsen-Anhalt

## DER ERSTE ETAPPENSIEG BEI DER TOUR DE FRANCE

*Wurden die Landesrundfahrten durch Italien oder Deutschland in ihren Anfangsjahren vornehmlich durch einheimische Starter geprägt, so stach die Tour de France von Anfang an als internationales Ereignis hervor. Trotz des vielsprachigen Teilnehmerfeldes mussten einige Länder lange warten, bis sie ihren ersten Etappenerfolg feiern durften:*

| | | |
|---|---|---|
| 1. Juli 1903: Frankreich | Maurice Garin | Paris - Lyon, 467 km |
| 12. Juli 1903: Schweiz | Charles Laeser | Toulouse - Bordeaux, 268 km |
| 17. Juli 1908: Luxemburg | François Faber | Metz - Belfort, 259 km |
| 5. Juli 1909: Belgien | Cyrille Van Hauwaert | Paris - Roubaix, 272 km |
| 31. Juli 1910: Italien | Ernesto Azzini | Caen - Paris, 262 km |
| 9. Juli 1929: Spanien | Salvador Cardona | Bayonne - Luchon, 363 km |
| 1. Juli 1931: Österreich | Max Bulla | Caen - Dinan, 212 km |
| 7. Juli 1932: Deutschland | Kurt Stöpel | Caen - Nantes, 300 km |
| 14. Juli 1936: Niederlande | Theo Middelkamp | Aix-les-Bains - Grenoble, 224 km |
| 2. Juli 1958: Großbritannien | Brian Robinson | Saint-Brieuc - Brest, 170 km |
| 25. Juli 1963: Irland | Seamus Elliott | Jambes - Roubaix, 223,5 km |
| 3. Juli 1969: Portugal | Joaquim Agostinho | Nancy - Mulhouse, 193,5 km |
| 5. Juli 1970: Dänemark | Mogens Frey | Saarlouis - Mulhouse, 269,5 km |
| 4. Juli 1982: Australien | Phil Anderson | Basel - Nancy, 250 km |
| 16. Juli 1984: Kolumbien | Luis Herrera | Grenoble - L'Alpe d'Huez, 151 km |
| 20. Juli 1985: USA | Greg LeMond | Lac de Vassivière, EZF, 47,5 km |
| 14. Juli 1987: Norwegen | Dag-Otto Lauritzen | Pau - Luz-Ardiden, 166 km |
| 4. Juli 1988: Kanada | Steve Bauer | Ponchâteau - Machecoul, 91,5 km |
| 3. Juli 1989: Mexiko | Raul Alcala | Luxemburg - Spa, 241 km |
| 18. Juli 1990: Russland | Dimitri Konyshev | Lourdes - Pau, 150 km |
| 7. Juli 1991: Usbekistan | Djamolidin Abdushaparov | Lyon - Lyon, 114,5 km |
| 14. Juli 1991: Brasilien | Mauro Ribeiro | Alençon - Rennes, 161 km |
| 21. Juli 1993: Polen | Zenon Jaskula | Andorra - St-Lary-Soulan, 230 km |
| 9. Juli 1994: Slowakei | Jan Svorada | Rennes - Futuroscope, 259,5 km |
| 21. Juli 1994: Lettland | Piotr Ugrumov | Moûtiers - Cluses, EZF, 47,5 km |
| 15. Juli 1995: Ukraine | Serguei Outschakov | Mende - Revel, 245 km |
| 13. Juli 1998: Tschechien | Jan Svorada | Enniscorthy - Cork, 205,5 km |
| 31. Juli 1998: Schweden | Magnus Backstedt | La Chaux-de Fonds - Autin, 242 km |
| 4. Juli 1999: Estland | Jan Kirsipuu | Montaigue - Challans, 208 km |
| 14. Juli 2003: Kasachstan | Alexandre Vinokourov | Le Bourg d'Oisans - Gap, 184,5 km |
| 19. Juli 2007: Südafrika | Robert Hunter | Marseille - Montpellier, 182,5 km |

*Noch ohne Etappensieg sind unter anderem:*

Algerien, Argentinien, Finnland, Japan, Kroatien, Liechtenstein, Litauen, Neuseeland, Rumänien, Slowenien, Tunesien, Venezuela

## MAJOR TAYLOR KOMMT

*Am 8. April 1901 sollte Major Taylor ausgerechnet in Deutschland seinen ersten Auftritt in Europa haben. Doch als ein Eduard von Friedenau in der »Rad-Welt« vom 27. März dem Duell des »fliegenden Negers« gegen Willy Arendt und Thorwald Ellegard nach dem Motto »Reim dich oder ich fress dich« entgegenfieberte, sprach daraus nicht nur Respekt für den schwarzen Supersprinter. Sondern auch der ganz alltägliche Rassismus jener Jahre. Und der klang bisweilen eher wie »Die Geschichte von dem schwarzen Buben« aus Heinrich Hoffmanns »Struwwelpeter«:*

Nun jubelt, Ihr Freunde, nun wird es wahr,
Was längst wir Alle erwartet.
Jetzt kommt Major Taylor, der schwarze Star!
Am Oster-Montag er – startet
Das hat der Sportpark mal gut gekunnt
Das war mal ein Tric, ein schlauer,
Drum loben ihn Alle mit frohem Mund
Berliner wie Friedenauer.

Schon sehe ich kommen von nah und fern
Die Freunde des Sports in Masse,
Um anzustaunen den schwarzen Herrn,
Den Flieger der nullten Klasse!
Schon seh' ich Tribünen eng'gefüllt
Bis hin zu den obersten Stufen
Ein prächtiges, herzerfreuendes Bild;
Schon hör' ich's im Publikum rufen:

Wie saust er dahin, der Wundermann,
Wie fliegen die Beine so schnell, oh!
That's the way to do it! Go on, go on!
Oh he is a hell of a fellow! -
Und die Damen – ob dunkel auch sein Gesicht –
Sie mögen ihn Alle gern leiden;
Sie können – bei solchem Tempo – auch nicht
Mehr schwarz von weiß unterscheiden!!

Meyers die haben wir ja
– Und auch einen Taylore – gesehen,
Doch ein Major-Taylor, der war noch nicht da,
Das soll erst zu Ostern geschehen.
Und führt uns der Sportpark den Champion vor
Und wird der uns recht imponieren,
So lassen wir gerne diesen Major
zum Obersten avancieren!

Doch Euch, Ihr Flieger von deutschem Stamm,
Euch möge die Warnung noch taugen:
Jetzt haltet Euch wacker, jetzt haltet Euch stramm
Und würd's Euch schwarz vor den Augen!
Nun zeigt Euch mal wieder – ich rathe es Euch –
Als echte germanische Recken;
Ihr werdet Euch doch (kleinen Kindern gleich)
Vor dem schwarzen Mann nicht verstecken?

## SCHLECHTE SICHT

*Zwei Radrennfahrer mussten eine Teilnahme an der Tour de France mit ihrer Sehkraft bezahlen:*

1920 wird das Auge von HONORÉ BARTHÉLÈMY bei einem Sturz von einem Stein so stark beschädigt, dass der Franzose den Rest seiner Laufbahn mit einem Glasauge fahren muss.

1949 verliert der Italiener AMANDO PEVERELLI bei einem Sturz ebenfalls ein Auge.

## DIE VIELEN NAMEN DER DEUTSCHLAND-RUNDFAHRT

1911: Quer durch Deutschland
1922: Großer Preis von Deutschland
1927: Großer Opel-Preis von Deutschland
1930: Deutschlandrundfahrt
1931: Opel-Rundfahrt
1937 - 1938: Deutschlandrundfahrt
1939: Großdeutschlandrundfahrt
1947: Grünes Band vom Rhein
1948: Grünes Band der IRA
1949: Grünes Band der IRA / Quer durch Deutschland
1950 - 1955: Deutschlandrundfahrt
1960 - 1962: Deutschlandrundfahrt (Afri-Cola-Rundfahrt)
1979: Deutschlandrundfahrt (Deutsche Vitamalz-Rundfahrt)
1980 - 1982: Deutschlandtour
1999 bis heute: Deutschlandtour

## UNSERE BESTEN

*Die BBC konnte das Format ihrer Fernseh-Show »Great Britons« in zahlreiche Länder verkaufen. Bei den Zuschauerwahlen haben sich bisher auch einige Radsportler platziert:*

**Belgien – »De grootste Belg« (2005)**
**VRT (Flämisches Fernsehen)**
3. EDDY MERCKX
71. BRIEK SCHOTTE
78. RIK VAN LOOY
**RTBF (Wallonisches Fernsehen)**
4. EDDY MERCKX

Neben Pater Damiaan und Jacques Brel ist Merckx demnach die einzige Top-10-Persönlichkeit, die das Land eint.

**Deutschland – ZDF: »Unsere Besten« (2003)**
31. JAN ULLRICH

**Frankreich – France 2: »Le Plus Grand Français« (2005)**
81. RAYMOND POULIDOR

**Niederlande – KRO: »De grootste Nederlander« (2004)**
69. JOOP ZOETEMELK

**USA – Discovery Channel: »The Greatest American« (2005)**
11.-25. LANCE ARMSTRONG (die Reihenfolge wurde auf diesen Plätzen nicht näher bestimmt)

## WAS STUNDENWELTREKORDLER »GEKETTET« HATTEN

| Ablauflänge | Übersetzung | |
|---|---|---|
| 9,25 Meter | 52 x 12 | Graeme Obree (1993 + 1994) |
| 9,02 Meter | 60 x 14 | Tony Rominger (November 1994) |
| 8,95 Meter | 56 x 13 | Chris Boardman (1996) |
| 8,85 Meter | 59 x 14 | Tony Rominger (Oktober 1994) |
| 8,76 Meter | 59 x 14 | Miguel Indurain (1994) |
| 8,56 Meter | 53 x 13 | Chris Boardman (1993) |
| 8,54 Meter | 52 x 13 | Jacques Anquetil (1967) |
| 8,27 Meter | 57 x 15 | Francesco Moser (23. Januar 1994) |
| 8,12 Meter | 56 x 15 | Francesco Moser (19. Januar 1994) |
| 7,93 Meter | 52 x 14 | Eddy Merckx (1972) |
| 7,69 Meter | 54 x 15 | Ole Ritter (1968) |
| 7,54 Meter | 53 x 15 | Ferdinand Bracke (1967); Roger Rivière (1958) |
| 7,40 Meter | 52 x 15 | Roger Rivière (1957); Ercole Baldini (1956); Jacques Anquetil (1956); Fausto Coppi (1942) |
| 7,32 Meter | 24 x 7 | Maurice Archambaud (1937); Frans Slaats (1937); Maurice Richard (1936); Giuseppe Olmo (1935); Maurice Richard (1933); Jan Van Hout (1933) |

## DIE WERBEKARAWANE

*Rund hundert Fahrzeuge bilden die Werbekarawane,*
*die zwei Stunden vor der Tour de France am Publikum vorbeirollt.*
*Hier die offizielle Startreihenfolge einer der jüngsten Frankreich-Rundfahrten:*

Cadets Juniors, Antargaz, Mickey, Motrio,
La Vache qui Rit, Motorhome Rent, Aujourd'hui,
Orange, CFTC, Cochonou, Visit London,
FO, Nestlé, Stabilo, TPS, Panach',
Euskaltel, Ancel, Le Faillitaire,
Gendarmerie Nationale, NVO, Haribo,
T-Mobile, PMU, Prodir, Eurotyre,
Cofidis, Café Grand-Mère, Bouygues Telecom,
Champion, ECO Emballage, Dr. Oetker,
Nestlé-Aquarel, Française des Jeux,
Les Rebelles de la Forêt, La Redoute,
Caisse d'Epargne-Iles Baléares, Roadsign, Skoda,
Télé 7 jours, Les Marchés de France, Nesquik,
Sapeurs Pompiers, Police Nationale, Tout Faire,
PQR und Festina

## PFLICHTTERMINE MIT MASSENANDRANG

Einige der besonders populären Radmarathons, Jedermannrennen und Rennradtage in Europa sind vor allem in den letzten Jahren zu ausgewachsenen Massenveranstaltungen herangereift – mit allen Vor- und Nachteilen. Die offensichtlichen Pflichttermine der einzelnen Länder:

| **Land** | **Veranstaltung** | **(längste) Strecke** | **Teiln.** |
|---|---|---|---|
| Belgien | Ronde v. Vlaanderen Toerisme | Brügge - Ninove, 269 km | 17.000 |
| Dänemark | Sjælland Rundt | Køge - Køge, 288 km | 1.200 |
| Deutschland | Alb Extrem | Ottenbach - Ottenbach, 280 km | 3.500 |
| | Rhön-Radmarathon | Bimbach - Bimbach, 210 km | 3.500 |
| | Vattenfall Cyclassics | Hamburg - Hamburg, 155 km | 22.000 |
| Frankreich | La Marmotte | Bourg d'Oisans - Alpe d'Huez, 180 km | 6.500 |
| | L'Étappe du Tour | unterschiedl. Bergetappe d. jew. Tour | 7.500 |
| | Paris–Roubaix Cyclotoerisme | Compiegne - Roubaix, 265 km | 3.000 |
| Italien | Maratona dles Dolomites | La Villa - Corvara, 138 km | 8.500 |
| | Nove Colli | Cesenatico - Cesenatico, 205 km | 10.600 |
| | Sella Ronda Bike Day | z.B. Arabba - Arabba, 55 km | 12.500 |
| | Stelviobike | z.B. Prad - Stilfser Joch, 25 km | 7.000 |
| Niederlande | Amstel Gold Race | Valkenburg - Valkenburg, 250 km | 14.000 |
| Norwegen | Den Store Styrekeprøven | Trondheim - Oslo, 540 km | 4.500 |
| Österreich | Drei-Länder-Giro | Nauders - Nauders, 168 km | 3.000 |
| | Ötztaler Radmarathon | Sölden - Sölden, 238 km | 4.000 |
| Schweden | Vätternrundan | Motola - Motola, 300 km | 17.500 |
| Schweiz | Alpenbrevet | Meiringen - Meiringen, 276 km | 1.500 |
| Spanien | Quebrantahuesos | Sabiñánigo - Sabiñánigo, 205 km | 7.000 |

## DAS WAHRE TEAM »AGROADLER BRANDENBURG«

| | | | |
|---|---|---|---|
| Albert **Bastard** | FRA (Stella-Terrot) | Julien **Conan** | FRA (Dilecta) |
| Etienne **De Beule** | BEL (Molteni) | Guy **Gallopin** | FRA (Skil) |
| Dietmar **Hauer** | AUT (Tulip) | Dominik **Krieger** | GER (Helvetia) |
| Prosper **Rau** | FRA (Conte) | Hans **Schleuniger** | SWI (Tigra) |
| Gody **Schmutz** | SWI (Cilo) | Edgard **Sorgeloos** | BEL (Faema) |
| Remig **Stumpf** | GER (Toshiba) | Herbert **Wilde** | GER (Batavus) |
| Marcel **Wüst** | GER (Festina) | Ernst **Wüthrich** | SWI (Mondia) |

***Saisonhöhepunkte:*** *La Tropicale Amissa Bongo Ondimba (Gabun), The Paths of King Nikola (Serbien-Montenegro), Puchar Uzdrowisk Karpackich (Polen).*
***Freiwilliger Startverzicht:*** *Tour ivoirien de la Paix (CIV).*
***Vor der Saison aussortiert:*** *Mario Kummer (GER), Romolo Lazaretti (ITA), Maurice Pardon (FRA), Markus Schleicher (GER), Stephan Schreck (GER), Gregor Willwohl (GER), Marco Zen (ITA), Albert Zweifel (SWI).*

## NEUE ZIELGRUPPEN

*Im Herbst 2007 veröffentlichte der auf den Radsport allergische Heidelberger Molekularbiologe und Antidoping-Choleriker Professor Werner W. Franke zusammen mit »Spiegel«-Redakteur Udo Ludwig ein Buch unter dem Titel. »Der verratene Sport«. In seiner Buchhandelsvorschau rühmt der Verlag Zabert Sandmann das Aufklärungswerk als »Topaktuell durch Jan Ullrich und viele andere Skandale« und umreißt die Zielgruppe wie folgt:*

| | |
|---|---|
| Sportbegeisterte | Eltern |
| Politiker | Sportler |
| Trainer | Ärzte |
| Vereinsfunktionäre | Sponsoren |
| Staatsanwälte | |

## AU REVOIR AM SCHLUSSTAG

*Das Ziel in Paris vor Augen, und dennoch nicht angekommen: Dieses bittere Schicksal ereilte bei der Tour de France eine Reihe von Fahrern, die aus unterschiedlichen Gründen am letzten Tag der Rundfahrt ausschieden, aufgeben mussten oder nicht an den Start gehen konnten. Außergewöhnlich dusselig stellte sich dabei der niederländische Sprintspezialist Jeroen Blijlevens an, der sich im Jahr 2000 auf der Schlussetappe nach dem Überqueren der Ziellinie eine Boxeinlage mit dem Fahrerkollegen Bobby Julich lieferte, die von der Jury der Tour de France mit einer Disqualifikation aufgrund eines »besonders ernsten aggressiven Verhaltens« gewürdigt wurde. Der Fahrer des Polti-Teams verlor den 124. Platz in der Gesamtwertung.*

**1904:** Grimenwald (Frankreich), Julien Gabory (Frankreich), Eugène Delhaye (Belgien), Charles Prevost (Frankreich) auf der 6. Etappe Nantes-Paris
**1905:** Jean-Baptiste Fischer (Frankreich), Gabriel Bamonde (Frankreich) auf der 11. Etappe Caen-Paris
**1912:** Pierino Albini (Italien) auf der 15. Etappe Le Havre-Paris
**1914:** Camille Mathieu (Frankreich) auf der 15. Etappe Dunkerque-Paris
**1919:** Paul Duboc (Frankreich) auf der 15. Etappe Dunkerque-Paris
**1924:** Giovanni Canova (Italien) auf der 15. Etappe Dunkerque-Paris
**1926:** Giovanni Canova (Italien) auf der 17. Etappe Dijon-Paris
**1931:** René Bernard (Frankreich), Robert Brugere (Frankreich) auf der 24. Etappe Malo les Bain-Paris
**1935:** Georg Stach (Deutschland) auf der 21. Etappe Caen-Paris
**1939:** Pierre Jaminet (Frankreich) auf der 18. Etappe Troyes-Paris
**1959:** Roberto Falaschi (Italien) auf der 22. Etappe Dijon-Paris
**1970:** Silvano Schiavon (Italien), Gilbert Bellone (Frankreich) auf der 23. Etappe Versailles-Paris
**1975:** Jozef Spruyt (Belgien), Guy Sibille (Frankreich), Antoine Gutierrez (Frankreich) auf der 22. Etappe Paris-Paris
**1977:** Joseph Bruyère (Belgien) auf der 22. Etappe Paris-Paris
**1979:** Gilbert Chamauz (Frankreich) auf der 24. Etappe Le Perreux sur Marne-Paris
**2000:** Jeroen Blijlevens (Niederlande) auf der 21. Etappe Paris-Paris
**2006:** Florent Brard (Frankreich) vor der 20. Etappe Parc de Sceaux- Paris

## ALTERSKLASSEN BEI ITALIENISCHEN CICLOTURISTICAS

| | Kategorie | Abk. | Alter |
|---|---|---|---|
| **Männer:** | Debuttanti | DEB | 16-18 |
| | Cadetti | CAD | 19-28 |
| | Junior | JUN | 29-32 |
| | Senior | SEN | 33-39 |
| | Veterani | VET | 40-47 |
| | Gentlemen | GEN | 48-55 |
| | Supergentlemen »A« | SGA | 56-62 |
| | Supergentlemen »B« | SGB | 63-70 |
| **Frauen:** | Donna »A« | DONA | bis 39 |
| | Donna »B« | DONB | ab 40 |

## RADSPORTJARGON (5): ALLES IST AUS

abgekocht werden
abplatzen
abreißen lassen
alle Körner verschossen/verbrannt/verbraucht/liegen gelassen haben
bis zur Hüfte in der Milch stehen
den Parkschein ziehen
dicke Beine haben
die Beine nicht mehr haben
die Nähmaschine machen
die Pflastersteine einzeln zählen
durchgereicht werden
einbrechen
einen Hungerast haben
explodieren
fliegen gehen
grau sein
in Schwierigkeiten sein
voll in die Säure gefahren sein
platt sein
platzen
rückwärts fahren
sauer werden
sich das Weiße aus den Augen gefahren haben
sich einen in den Schuh gefahren haben
sich einen Wolf gesessen haben
sterben (und nicht mehr zurückkommen)

## PERFEKTER EINSTIEG FÜR EINE RADSPORTNOVELLE

Meyrueis, Lozère, 26. Juni 1977. Warm, bewölkter Himmel.
Ich nehme meine Sachen aus dem Auto und setze mein Fahrrad zusammen.
Von Straßencafés aus schauen Touristen und Einwohner zu.
Nicht-Rennfahrer. Die Leere in ihrem Leben schockiert mich.
***Tim Krabbé: »Das Rennen«***

## UNVERMEIDLICHES ENDE EINER RADSPORTREPORTAGE

Am dritten Renntag nämlich,
verkündete der Sprecher durch das Megaphon,
rechts, links, rechts, links, den siebentausend Zuschauern:
»Herr Wilhelm Hahnke, Schönhauser Straße 139,
soll nach Hause kommen.
Seine Frau ist gestorben!«
***Egon Erwin Kisch: »Elliptische Tretmühle«***

## DAS ZIEL

*Aus den Wettkampfbestimmungen der UCI:*

Die Ziellinie besteht aus einer 4 cm breiten schwarzen Linie auf einem 72 cm breiten weißen Streifen, also 34 cm zu jeder Seite der schwarzen Linie. Bei MTB-Rennen müssen es 20 cm sein, also 8 cm zu jeder Seite der schwarzen Linie.

Die Zieldurchfahrt findet in dem Augenblick statt, in dem der Schlauch/Reifen des Vorderrades die senkrechte erhöhte Fläche am Beginn der Ziellinie berührt. Jedoch ist immer das Zielfoto ausschlaggebend. Es sei denn, es existieren gegensätzliche Bestimmungen, kann die Feststellung der Zieldurchfahrt auch durch passende, durch das Kommissärskollegium genehmigte technische Hilfsmittel erfolgen.

Bei Straßen-, MTB-, BMX- und Querrennen wird über der Ziellinie und quer über die Straße oder den Parcours ein Band mit der Aufschrift »ZIEL« aufgehängt. Falls das Band verschwindet oder beschädigt wird, wird die Ziellinie durch eine Fahne mit schwarz-weißem Karomuster gekennzeichnet. Eine solche Fahne wird auch bei jeder Zieldurchfahrt oder Zwischenpassage für eine Wertung benutzt sowie – auf der Straße – am Gipfel einer Steigung.

Der Fahrer kann die Ziellinie zu Fuß überqueren, muss dies aber obligatorisch mit seinem Fahrrad tun.

DIE AUTOREN:

**Andreas Beune**, Jahrgang 1972, lebt als freier Autor in Bielefeld. Im Covadonga Verlag erschienen von ihm bereits die beiden Titel »Rennfahrerblut ist keine Buttermilch« (2004) und »Did not Finish. Der Radsport und seine Opfer« (2005). Weitere Veröffentlichungen: »Zirkeltraining« (Verbrecher Verlag, 2004), »Die UEFA EURO 2008. Der offizielle EM-Turnierführer« und »UEFA EURO 2008: Österreich – Schweiz. Das offizielle Buch zum Turnier« (beide Chronik Verlag, 2008).

**Walter Drögenpütt**, Jahrgang 1971, befuhr als gelernter Fischwirt einst einen Krabbenkutter, lebt dank eines als Nikolausgeschenk erhaltenen Loses der Glücksspirale nun als Privatier von »monatlicher Sofortrente« und ist Trommler einer im Umkreis von 15 Kilometern gefeierten Shanty-Ska-Legende. Er zählt sich zu den ausdauerndsten Passiv-Radsportlern (> 10.000 TV-Jahreskilometer auf der Couch) und zu den begeisterten, aber maßlos untalentierten Hobbyradlern (»Ein 32er Schnitt – weißte eigentlich wie gut das ist?«). Walter Drögenpütt hat nach eigenen Angaben »so ziemlich jedes Radsportbuch« gelesen, aber noch keines verfasst. Bis jetzt.